BERLIN DIVIDED–BERLIN UNITED
Remembering Berlin in the Cold War
BERLIN GETEILT – BERLIN VEREINT
Erinnerungen an Berlin im Kalten Krieg
BIBI LEBLANC

Culture to Color®

Published by

Culture to Color®, LLC

CS@CultureToColor.com

+1-386-228-5147

Cover Design & Interior by: Ginger Marks, DocUmeant Designs

Second Edition

ISBN: 978-1-7337985-1-8 (US)

To order in bulk contact publisher at CultureToColor.com

For more information visit: **CultureToColor.com**

CONTENTS 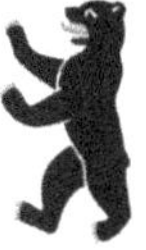 INHALT

Foreword	v
Welcome to Berlin	8
Germany Divided	10
Berlin Divided	12
The Iron Curtain	14
Berlin Blockade & Airlift	16
Berlin Wall	18
Brandenburg Gate	20
Viewing Platforms	22
John F. Kennedy in Berlin	24
Willy Brandt	26
Kaiser Wilhelm Memorial Church at Kurfürstendamm	28
KaDeWe - Department Store of the West	30
Oberbaum Bridge & East Side Gallery	32
Red City Hall	34
Trabant	36
Gendarmenmarkt	38
Museum Island	40
Palace of Tears	42
Checkpoint Charlie & Wall Museum - Haus am Checkpoint Charlie	44
Escapes	46
Alexanderplatz, Urania World Clock & TV Tower	48
Bridge of Spies - Glienicke Bridge	50

Vorwort	v
Willkommen in Berlin	8
Geteiltes Deutschland	10
Geteiltes Berlin	12
Der Eiserne Vorhang	14
Berlin Blockade & Luftbrücke	16
Berliner Mauer	18
Brandenburger Tor	20
Aussichtsplattformen	22
John F. Kennedy in Berlin	24
Willy Brandt	26
Kaiser Wilhelm Gedächtniskirche am Kurfürstendamm	28
KaDeWe – Kaufhaus des Westens	30
Oberbaumbrücke & East Side Gallery	32
Rotes Rathaus	34
Trabant	36
Gendarmenmarkt	38
Museumsinsel	40
Tränenpalast	42
Checkpoint Charlie & Mauermuseum - Haus am Checkpoint Charlie	44
Fluchten	46
Alexanderplatz, Urania Weltzeituhr & Fernsehturm	48
Glienicker Brücke	50

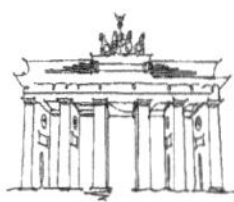
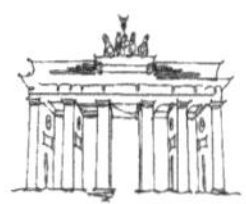

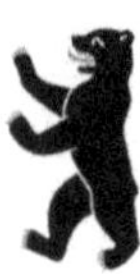

Berlin Field Station - Teufelsberg 52
German Spy Museum 54
Mikhail Gorbachev 56
Helmut Kohl 58
Ronald Reagan 60
Fall of the Berlin Wall 62
"Wall Peckers" 64
Church of the Redeemer 66
Reichstag 68
German Chancellery 70
DDR Museum 72
Allied Museum 74
Skyline 76
A Blank Canvas 78
Thank You! 80
Resources | Ressourcen 83
About the Author 85

Teufelsberg 52
Deutsches Spionagemuseum 54
Michail Gorbatschow 56
Helmut Kohl 58
Ronald Reagan 60
Mauerfall 62
„Mauerspechte" 64
Heilandskirche Sacrow 66
Reichstag 68
Bundeskanzleramt 70
DDR Museum 72
Alliierten Museum 74
Skyline 76
Eine unbemalte Leinwand 78
Vielen Dank! 80
Ressourcen 83
Über die Autorin 85

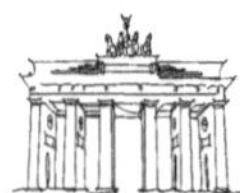
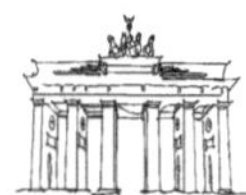

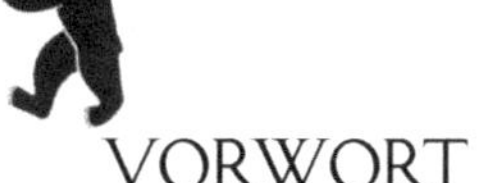

FOREWORD

Berlin Divided-Berlin United brings back vivid memories of my 1985 visit to Berlin as part of a teacher exchange program. Upon my airplane's landing, I experienced the tensions of the divided city. Armored troop-carrying vehicles escorted us along the runway to our terminal and remained in place as we deplaned. During my time in Berlin, I stood in front of the Wall. I took a picture of one of the Wall's guard towers and noticed that the guard in the tower had a camera pointed at me. During a day visit to East Berlin, I was struck by the stark contrast between the drab and empty buildings of its downtown area and the vibrant activity of the *Ku-Damm* section of West Berlin.

In *Berlin Divided-Berlin United*, author Bibi LeBlanc takes us on a captivating, interactive journey through the Cold War years (1945-1990). Using a unique combination of coloring images and written information, she brings to life Berlin's importance during the Cold War. Her book immerses us into issues, events, and personalities that dominated headlines during the second half of the 20th Century.

Relive the excitement of Berlin's children as they eagerly awaited the arrival of the Candy Bombers during the 1948-1949 Berlin Airlift. Experience the heartbreak of Berliners waking up on a summer morning in 1961 to find their city divided by a wall constructed overnight. Feel the inspiration sparked

VORWORT

Berlin Geteilt - Berlin Vereint ruft lebhafte Erinnerungen an meinen Besuch in Berlin im Jahr 1985 im Rahmen eines Lehrer-Austauschprogramms wach. Bereits bei der Landung meines Flugzeugs spürte ich die Spannungen der geteilten Stadt. Gepanzerte Truppenfahrzeuge eskortierten uns entlang der Landebahn zu unserem Terminal und blieben dort, während wir das Flugzeug verließen. Während meines Aufenthalts in Berlin stand ich vor der Mauer. Ich machte ein Foto von einem der Wachtürme und bemerkte, dass der Wachmann im Turm eine Kamera auf mich gerichtet hatte. Bei einem Tagesausflug nach Ost-Berlin fiel mir der krasse Kontrast zwischen den trostlosen, leeren Gebäuden der Innenstadt und der lebendigen Aktivität des Ku'damms in West-Berlin auf.

In *Berlin Geteilt - Berlin Vereint* nimmt uns die Autorin Bibi LeBlanc mit auf eine fesselnde, interaktive Reise durch die Jahre des Kalten Krieges (1945–1990). Mit einer einzigartigen Kombination aus Ausmalbildern und informativen Texten lässt sie die Bedeutung Berlins während des Kalten Krieges lebendig werden. Ihr Buch führt uns durch die Themen, Ereignisse und Persönlichkeiten, die die Schlagzeilen in der zweiten Hälfte des 20. Jahrhunderts beherrschten.

Erleben Sie die Aufregung der Berliner Kinder, die sehnsüchtig auf die Ankunft der Rosinenbomber während der Berliner Luftbrücke 1948-1949 warteten.

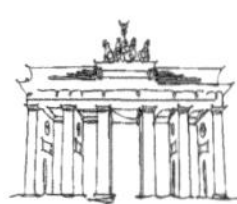

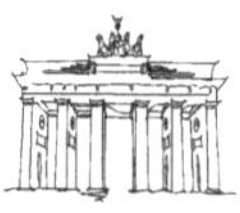

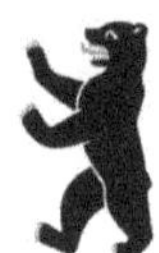

by John F. Kennedy's iconic 1963 *"Ich bin ein Berliner"* speech and the renewed hope stirred by Ronald Reagan's unforgettable words at the Brandenburg Gate in 1987, "Mr. Gorbachev, tear down this wall!" speech—all culminating in the overwhelming elation of Berliners on November 9, 1989, as they tore down the wall that had divided them for so many years.

A native of Berlin, Bibi LeBlanc invites us to explore her hometown's central role in modern history. My own visit to Berlin enriched both my teaching and my students' learning experiences. Similarly, your journey through this book will enhance your understanding of history in a unique and engaging way.

Richard Weaver
A.P. History Teacher (ret.)
Palo Alto, California

Spüren Sie den Schmerz der Berliner, die an einem Sommermorgen 1961 aufwachten und feststellten, dass ihre Stadt über Nacht durch eine Mauer geteilt worden war. Fühlen Sie die Inspiration, die durch John F. Kennedys ikonische Rede „Ich bin ein Berliner" 1963 ausgelöst wurde, sowie die neue Hoffnung, die Ronald Reagans unvergessliche Worte am Brandenburger Tor 1987 entfachten: „Mr. Gorbachev, tear down this wall!" – und erleben Sie schließlich die überwältigende Freude der Berliner am 9. November 1989, als sie die Mauer niederreißen konnten, die sie so viele Jahre getrennt hatte.

Als gebürtige Berlinerin lädt uns Bibi LeBlanc dazu ein, die zentrale Rolle ihrer Heimatstadt in der modernen Geschichte zu erkunden. Mein eigener Besuch in Berlin bereicherte sowohl meinen Unterricht als auch das Lernen meiner Schüler. Ebenso wird Ihre Reise durch dieses Buch Ihr Verständnis der Geschichte auf einzigartige und fesselnde Weise erweitern.

Richard Weaver
A.P. Geschichtslehrer (im Ruhestand)
Palo Alto, Kalifornien

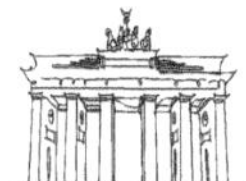

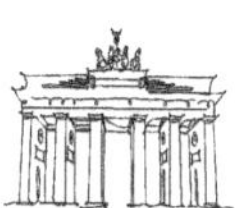

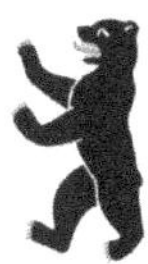

„ICH BIN EIN BERLINER!" – "I AM A BERLINER"

Welcome to the second edition of Berlin Geteilt - Berlin Vereint. In this coloring book, I would like to show you the sights of Berlin during the Cold War and share with you what it was like to grow up in a city divided by a wall. This is my personal story.

Let 's travel back in time a few years . . .

World War II ended in 1945. Germany was divided into four zones of occupation by the winning allied forces, the U.S., England, France, and the Soviet Union.

The capital, Berlin, was located like an island inside the Soviet zone and also divided into U.S., English, and French sectors (West Berlin) and the Soviet sector (East Berlin).

Construction of the Berlin Wall started the night of August 13, 1961, because at that point thousands of people were leaving the Soviet sector every day to escape communist oppression. The next morning, many Berlin residents found themselves cut off from work, school, family and friends.

In his famous speech in West Berlin on June 26th, 1963, John F. Kennedy declared to the world: „*Ich bin ein Berliner!*" ("I am a Berliner.") His message was aimed as much at Berliners and West Germans as at the East German and Soviet governments. It was a clear statement of U.S. policy in the wake of the construction of the Berlin Wall, and a morale boost for West Berliners fearing communist occupation.

I was born in the American Sector of West Berlin three months after that speech. Two years after the Berlin Wall was built. I grew up with it. The wall divided my hometown and my family was part of my everyday reality.

Across the street were houses we could not visit because the wall was in between. We could not just drive out of the city to the countryside or the next town because we were enclosed by a wall which was guarded by sharpshooters in watchtowers and electric fences. Guard dogs patrolled a minefield called the death strip.

My dad's brother and his family lived in East Berlin. We could visit them. They could never visit us. We had to apply for a *Passierschein*, a passage pass, a lengthy process, that would allow us to cross one of the few checkpoints into East Berlin for one day.

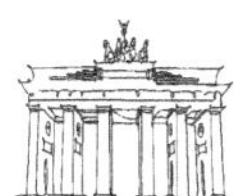

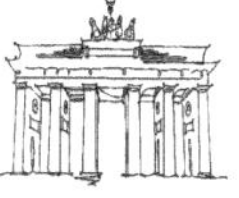

As a child, crossing into East Berlin was quite scary. There was an atmosphere of harassment and intimidation, and often waiting times of several hours. The *Vopos*, short for *Volkspolizei* or The People's Police, made us get out of the car so that they could search it. They would lift the back seat to check underneath, stick a long flexible rod into the gas tank, and check the underside of our car with a mirror on little wheels to see if we were smuggling anything.

We were only allowed to bring certain items like clothes and food. Any printed material, for example, was considered illegal "capitalist propaganda." Knowing my dad often smuggled things made the experience of crossing the border into East Berlin even scarier for us.

We knew the apartment my aunt and uncle and cousins lived in was bugged. We suspected the neighbors were IMs (*Informelle Mitarbeiter* - informal collaborators) for the *Stasi*, the East-German Ministry for State Security.

The *Stasi* has been described as one of the most effective and repressive intelligence and secret police agencies ever to have existed. One of its main tasks was to spy on the population, mainly through a vast network of citizens turned informants. Telling a joke about the government or listening to American music, for example, was enough grounds for the Stasi to arrest, incarcerate, and interrogate citizens, and force them to "work" for them as secret informants and spy on their families, friends, or co-workers.

When our parents wanted to talk freely, they knew they couldn't do so in the apartment. Even we children had to be careful what we talked about. And so, we would go for long walks by the river when we didn't want to be overheard.

There is a lot more I could tell you about growing up in West Berlin, but that would exceed the scope of this introduction. Let me fast-forward a few years . . .

In 1989, I was a Lufthansa flight attendant based in Frankfurt, West Germany. One November day after I returned home from a flight, my mom called and said: "The wall just fell." At first, I couldn't comprehend what she was saying. I did not think I would ever see that wall coming down. It was that much a part of my world, my reality!

My roommates and I jumped into the car and started driving toward Berlin. On the Autobahn we saw Trabis—those iconic little cars from East Germany—which we had never seen there before.

Remember, we had to drive through East Germany to get to Berlin. When we reached the first border-crossing checkpoint in Helmstedt around 11 p.m. on this dark, cold night, there were cars parked on both sides of the Autobahn, which on any normal day was illegal.

The atmosphere was electric with joy and celebration. Laughter echoed through the air as Trabis packed with families and friends, came through the checkpoint. Each vehicle seemed to carry not just people, but the weight of history. As the East Germans crossed into the West, we met them with cheers and open arms.

West Germans, eager to share in this moment of freedom, lined up with thermos bottles of tea and hot chocolate, offering warmth and welcome to the travelers who had waited so long for this day. The sight of the Trabis, overflowing with people and hope, symbolized the breaking of barriers—both physical and emotional. It was more than just a crossing of borders; it was a reunion of hearts and dreams long divided.

Later that night we arrived in Berlin, connected with family and headed straight to the Brandenburg Gate. For 28 long years, it had stood as the symbol of Berlin's and Germany's division—a place of no man's land where neither West Berliners nor East Berliners could pass. On that unforgettable night, we did!

On November 9th each year, the world celebrates the anniversary of the fall of the Berlin Wall.

Since that day in 1989, whenever I face challenges and circumstances that seem impossible to change, I remind myself of that time and the fall of the Berlin Wall, of my reality crumbling, the course of world history changing right before my eyes. And I know anything is possible!

I always considered myself fortunate to have grown up in West Berlin, not East Berlin. Being able to speak my mind without the constant fear of being spied on by friends, neighbors or co-workers and my ability to travel the world were freedoms for which the people of East Berlin under communist rule longed.

I would like to encourage you to talk to people who have experienced the reality of life in divided Berlin. You'll be amazed, intrigued, shocked, and touched by the stories people have to share.

In the meantime, I'd like to leave you with this:

Go visit your family – because you can.

Go travel the world – because you can.

Go live your dreams – because you can!

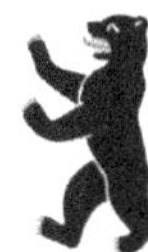

„ICH BIN EIN BERLINER!"

Willkommen zur zweiten Auflage von Berlin Divided – Berlin United. In diesem Malbuch möchte ich Ihnen die Sehenswürdigkeiten Berlins während des Kalten Krieges zeigen und erzählen, wie es war, in einer Stadt aufzuwachsen, die durch eine Mauer geteilt war. Dies ist meine persönliche Geschichte.

Lassen Sie uns eine Zeitreise in die Vergangenheit machen . . .

Der Zweite Weltkrieg endete 1945. Deutschland wurde von den siegreichen Alliierten – den USA, England, Frankreich und der Sowjetunion – in vier Besatzungszonen aufgeteilt.

Die Hauptstadt Berlin lag wie eine Insel in der sowjetischen Zone und wurde ebenfalls geteilt in amerikanische, britische und französische Sektoren (West-Berlin) und den sowjetischen Sektor (Ost-Berlin).

In der Nacht des 13. August 1961 begann der Bau der Berliner Mauer, da zu diesem Zeitpunkt Menschen täglich zu Tausenden den sowjetischen Sektor verließen, um der kommunistischen Unterdrückung zu entkommen. Am nächsten Morgen fanden sich viele Berliner abgeschnitten von Arbeit, Schule, Familie und Freunden.

In seiner berühmten Rede in West-Berlin am 26. Juni 1963 erklärte John F. Kennedy der Welt: „Ich bin ein Berliner!" Seine Botschaft richtete sich ebenso sehr an die Berliner und Westdeutschen wie an die ostdeutschen und sowjetischen Regierungen. Es war eine klare Erklärung der US-Politik im Zuge des Baus der Berliner Mauer und ein moralischer Auftrieb für die West-Berliner, die jeden Moment befürchteten, von den Kommunisten besetzt zu werden.

Ich wurde drei Monate nach dieser Rede im amerikanischen Sektor in West-Berlin geboren, zwei Jahre nachdem die Berliner Mauer gebaut worden war. Ich bin mit ihr aufgewachsen. Diese Mauer teilte meine Heimatstadt und meine Familie und war Teil meiner täglichen Realität.

Auf der anderen Straßenseite standen Häuser, die wir nicht besuchen konnten, weil die Mauer dazwischen war. Wir konnten nicht einfach aus der Stadt hinaus aufs Land oder in den nächsten Ort fahren, weil wir von einer Mauer umschlossen waren, die von Scharfschützen in Wachtürmen und elektrischen Zäunen bewacht wurde. Wachhunde patrouillierten hinter und entlang der Mauer ein Minenfeld, das als Todesstreifen bezeichnet wurde.

Der Bruder meines Vaters und seine Familie lebten in Ost-Berlin. Wir konnten sie besuchen. Sie konnten uns nie besuchen. Wir mussten einen Passierschein beantragen, ein langwieriger Prozess, der uns erlaubte, für einen Tag an einem der wenigen Kontrollpunkte die Grenze zu überqueren.

Als Kind war das Überqueren nach Ost-Berlin ziemlich beängstigend. Es herrschte eine Atmosphäre von Schikane und Einschüchterung, und oft gab es Wartezeiten von mehreren Stunden. Die Vopos, eine Abkürzung für Volkspolizei, ließen uns aus dem Auto aussteigen, damit sie es durchsuchen konnten. Sie hoben den Rücksitz an. Sie steckten eine lange, flexible Stange in den Benzintank. Sie überprüften die Unterseite unseres Autos mit einem Spiegel auf kleinen Rädern, um zu sehen, ob wir etwas schmuggelten.

Wir durften nur bestimmte Dinge wie Kleidung und Lebensmittel mitbringen. Gedrucktes Material, zum Beispiel, galt als illegale „kapitalistische Propaganda". Zu wissen, dass mein Vater oft Dinge schmuggelte, machte das Erlebnis des Grenzübertritts nach Ost-Berlin noch beängstigender für uns.

Wir wussten, dass die Wohnung, in der meine Tante, mein Onkel und meine Cousins lebten, abgehört wurde. Wir vermuteten, dass die Nachbarn IMs (Informelle Mitarbeiter) für die Stasi, das ostdeutsche Ministerium für Staatssicherheit, waren.

Die Stasi wird als eine der effektivsten und repressivsten Geheimdienste und Polizeibehörden beschrieben, die je existierten. Eine ihrer Hauptaufgaben bestand darin, die Bevölkerung – hauptsächlich durch ein weit verzweigtes Netz von Bürgern, die zu Informanten geworden waren – auszuspionieren. Schon ein Witz über die Regierung zu erzählen oder amerikanische Musik zu hören, reichte aus, um von der Stasi verhaftet, eingesperrt, verhört und gezwungen zu werden, als inoffizieller Mitarbeiter mit ihnen zusammenzuarbeiten.

Wenn unsere Eltern frei sprechen wollten, wussten sie, dass sie dies nicht in der Wohnung tun konnten. Selbst wir Kinder mussten vorsichtig sein, worüber wir sprachen. Und so machten wir lange Spaziergänge am Fluss, wenn wir nicht belauscht werden wollten.

Es gibt noch viel mehr, was ich Ihnen über das Aufwachsen in West-Berlin erzählen könnte, aber das würde den Rahmen dieser Einführung sprengen. Lassen Sie mich ein paar Jahre vorspulen . . .

1989 war ich Flugbegleiterin bei Lufthansa mit Standort in Frankfurt. An einem Novembertag kam ich von einem Flug zurück, als meine Mutter anrief und sagte: „Die Mauer ist gerade gefallen". Zuerst konnte ich nicht begreifen, was sie sagte. Ich hätte nie gedacht, dass ich jemals erleben würde, dass diese Mauer fällt. Sie war einfach so sehr Teil meiner Welt, meiner Realität!

Meine Mitbewohner und ich sprangen ins Auto und fuhren Richtung Berlin. Auf der Autobahn kamen uns Trabis entgegen – diese ikonischen kleinen Autos aus der DDR – die wir dort noch nie zuvor gesehen hatten.

Erinnern Sie sich, wir mussten durch die DDR fahren, um nach West-Berlin zu gelangen. Als wir gegen 23 Uhr in dieser dunklen, kalten Nacht den ersten Grenzkontrollpunkt in Helmstedt erreichten, standen auf beiden Seiten der Autobahn Autos, was an einem normalen Tag nicht erlaubt ist.

Die Stimmung war elektrisierend vor Freude und Ergriffenheit. Lachen hallte durch die Luft, als Trabis, vollgepackt mit Familien und Freunden, durch den Kontrollpunkt kamen. Jedes Fahrzeug schien nicht nur Menschen, sondern auch die Last der Geschichte zu tragen. Als sie in den Westen fuhren, empfingen wir sie mit Jubel und offenen Armen.

Westdeutsche, die diesen historischen Moment der Freiheit miterleben wollten, begüßten die Ostdeutschen, die so lange auf diesen Tag gewartet hatten, in jener dunklen, kalten Nacht mit Thermoskannen voller Tee und heißer Schokolade. Der Anblick der kleinen, überfüllten Trabis, die mit Menschen und Hoffnung beladen kamen, symbolisierte das Überwinden von Barrieren – sowohl physischen als auch emotionalen. Es war mehr als nur das Überqueren einer Grenze; es war eine Wiedervereinigung von Herzen und lange geteilten Träumen.

Später in dieser Nacht kamen wir in Berlin an, trafen unsere Familien und gingen direkt zum Brandenburger Tor. 28 lange Jahre hatte es als Symbol der Teilung Berlins und Deutschlands gestanden – ein Niemandsland, durch das weder West-Berliner noch Ost-Berliner gehen konnten. Doch an diesem unvergesslichen Abend taten wir es!

Am 9. November jeden Jahres feiert die Welt den Jahrestag des Falls der Berliner Mauer.

Und seit diesem Tag im Jahr 1989, wann immer ich vor Herausforderungen und Umständen stehe, die unmöglich zu ändern scheinen, erinnere ich mich an jene Zeit und den Fall der Berliner Mauer - an das Zerbrechen meiner Realität, und den Wandel der Weltgeschichte direkt vor meinen Augen. Und ich weiß, dass alles möglich ist!

Schon als Kind betrachtete ich mich immer als die Glückliche, die in West-Berlin und nicht in Ost-Berlin aufgewachsen ist. Meine Meinung frei äußern zu können, ohne die ständige Angst, von einem Familienmitglied, Freund oder Nachbarn ausspioniert zu werden, und meine Fähigkeit, die Welt zu bereisen, waren Freiheiten, nach denen sich die Menschen in Ost-Berlin unter kommunistischer Herrschaft sehnten.

Ich möchte Sie ermutigen, mit Menschen zu sprechen, die die Realität des Lebens im geteilten Berlin erlebt haben. Sie werden erstaunt, fasziniert, schockiert und berührt sein von den Geschichten, die die Menschen zu erzählen haben.

In der Zwischenzeit möchte ich Ihnen Folgendes mit auf den Weg geben:

Besuchen Sie Ihre Familie – weil Sie es können.

Bereisen Sie die Welt – weil Sie es können.

Leben Sie Ihre Träume – weil Sie es können!

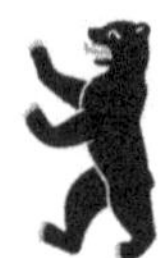

WELCOME TO BERLIN

From cultural exhibitions to pop concerts and street festivals, Berlin is exciting 365 days of the year and has something going on for every taste, every day, and every month, all year long.

In this coloring book, I would like to take you on a journey through its not-so-distant history, and the story of my youth—a journey through a once-divided and now-united Berlin.

Welcome to my hometown!

Bibi LeBlanc

WILLKOMMEN IN BERLIN

Von Kultur über Ausstellungen bis hin zu Popkonzerten und Straßenfesten ist Berlin an 365 Tagen im Jahr aufregend. Es bietet das ganze Jahr über jeden Tag und jeden Monat etwas für jeden Geschmack.

In diesem Malbuch möchte ich Sie auf eine Reise durch die nicht so ferne Geschichte meiner Jugend mitnehmen - eine Reise durch das einst geteilte und nun wieder vereinte Berlin.

Willkommen in meiner Heimatstadt Berlin!

Bibi LeBlanc

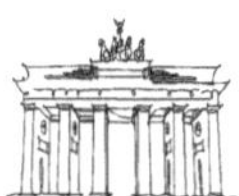

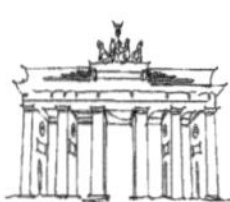

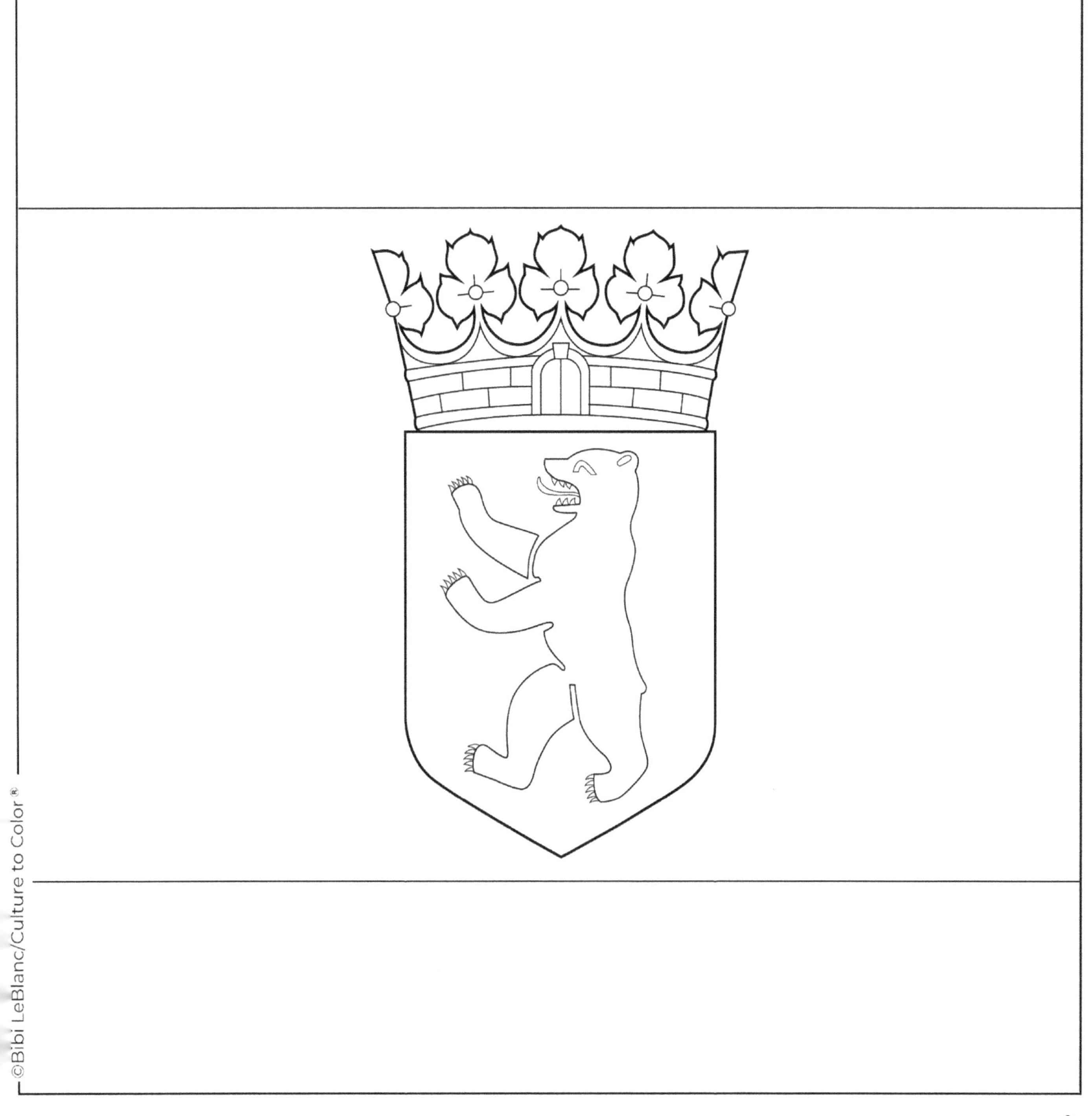

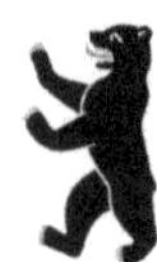

GERMANY DIVIDED

In 1945, at the end of World War II, Germany was defeated. At the Potsdam Conference, the winning allied countries, the US, Great Britain, France, and the Soviet Union, divided Germany into four zones of occupation.

The Allies set up the Allied Control Commission (ACC) to manage the zones. To deliver supplies, interzonal routes for roads, railroads, and waterways between the Western zones and West Berlin were agreed upon, and military checkpoints were established.

Although the division was initially intended as a short-term measure, two German countries were founded in the late 1940s: the Federal Republic of Germany (West Germany) and the German Democratic Republic (East Germany).

GETEILTES DEUTSCHLAND

1945, am Ende des Zweiten Weltkriegs, war Deutschland besiegt. Auf der Potsdamer Konferenz teilten die siegreichen Alliierten, die USA, Großbritannien, Frankreich und die Sowjetunion, Deutschland in vier Besatzungszonen auf.

Die Alliierten richteten die Alliierte Kontrollkommission (ACC) ein, um die Zonen zu verwalten. Um Versorgungsgüter zu liefern, wurden interzonale Routen zwischen den Westzonen und West-Berlin für Straßen, Eisenbahnen und Wasserwege vereinbart, und es wurden militärische Kontrollpunkte eingerichtet.

Obwohl die Teilung ursprünglich als kurzfristige Maßnahme gedacht war, wurden in den späten 1940er Jahren zwei deutsche Staaten gegründet: die Bundesrepublik Deutschland (Westdeutschland) und die Deutsche Demokratische Republik (Ostdeutschland).

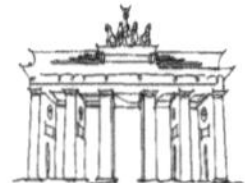

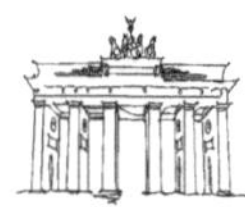

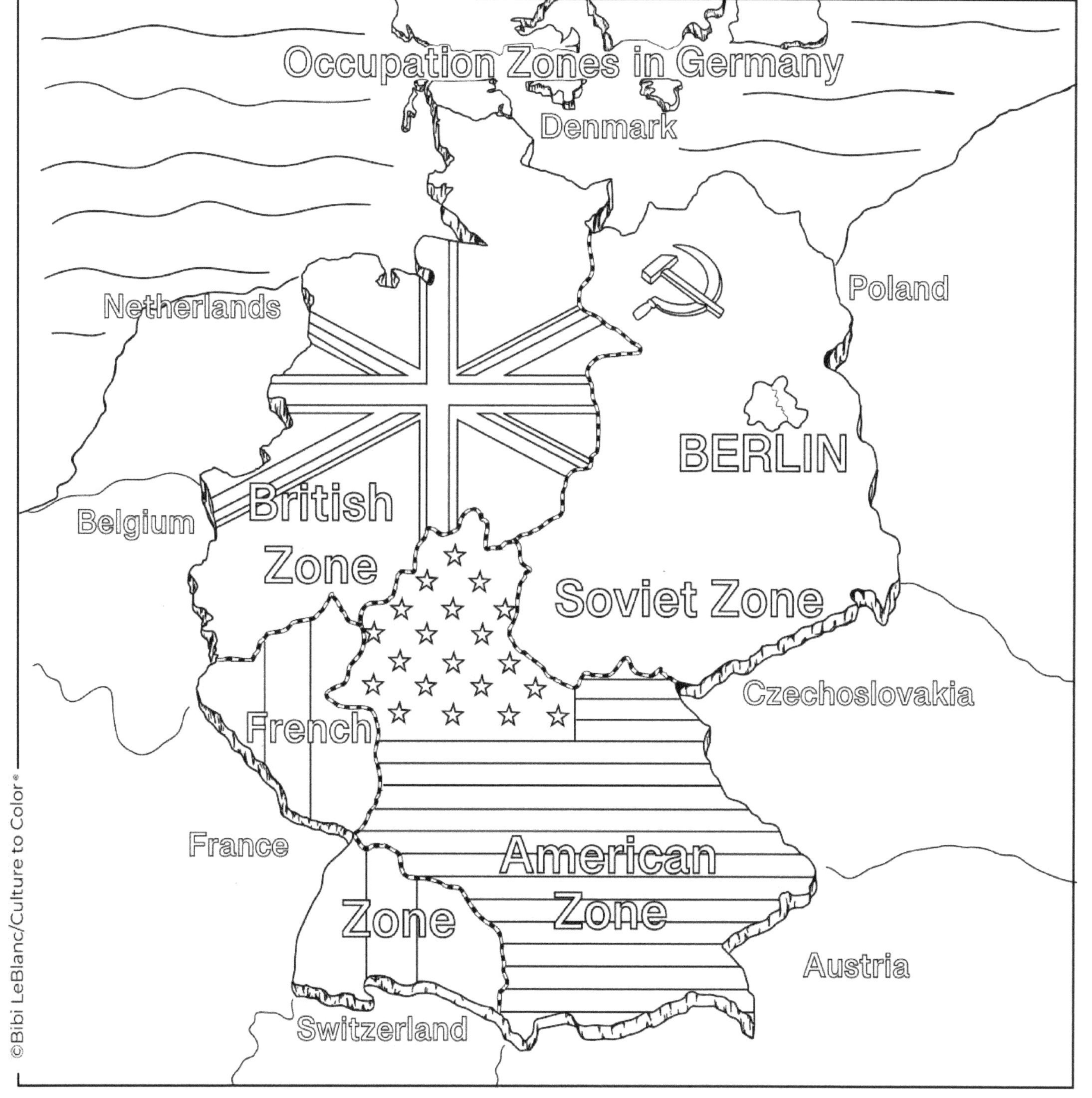

Occupation Zones in Germany
Denmark
Netherlands
Poland
BERLIN
Belgium
British
Zone
Soviet Zone
French
Czechoslovakia
France
American
Zone
Zone
Austria
Switzerland
©Bibi LeBlanc/Culture to Color®

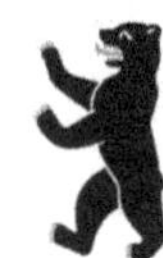

BERLIN DIVIDED

Berlin, Germany's capital, though located like an island 110 miles inside the Soviet zone, was also split into American, British, French, and Soviet sectors of occupation, with the Soviets occupying the eastern part of the city. People began to refer to the divided city as West Berlin and East Berlin.

However, the Soviets sought to dislodge the Western allies from the city and incorporate West Berlin into their occupation zone by using threats, propaganda, and confrontational tactics.

GETEILTES BERLIN

Berlin, die Hauptstadt Deutschlands, lag zwar wie eine Insel 160 km innerhalb der Sowjetzone, wurde aber ebenfalls in amerikanische, britische, französische und sowjetische Besatzungssektoren aufgeteilt, wobei die Sowjets den Ostteil der Stadt besetzten. Die Menschen begannen, die geteilte Stadt als West-Berlin und Ost-Berlin zu bezeichnen.

Die Sowjets versuchten jedoch mit Drohungen, Propaganda und Konfrontationstaktiken, die westlichen Alliierten aus der Stadt zu vertreiben und West-Berlin in ihre Besatzungszone einzugliedern.

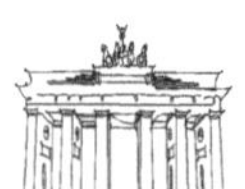

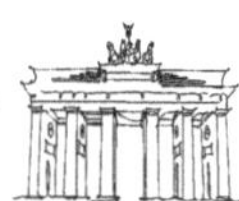

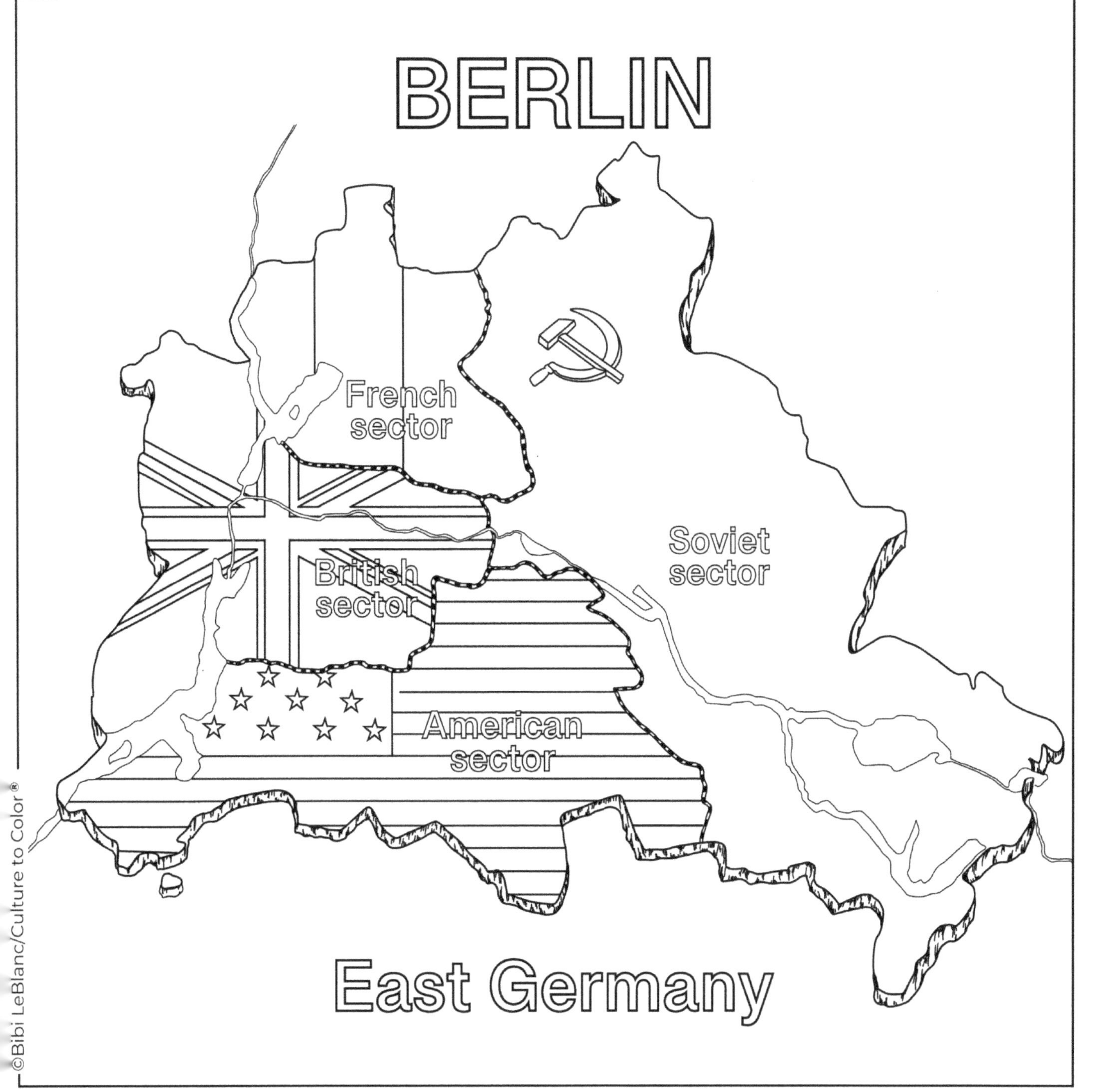

BERLIN
French sector
Soviet sector
British sector
American sector
East Germany

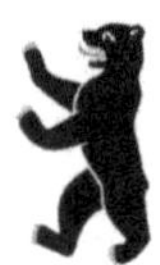

THE IRON CURTAIN

The division of Germany was supposed to be temporary, but the Western Allies and the Soviet Union (USSR) had vastly different visions for the nation's future.

While the Western Allies sought to rebuild Germany's economy and introduce a democratic form of government, the USSR aimed to use the eastern zone's resources for postwar reconstruction of the Soviet Union and to spread Communism throughout Europe.

Repeated meetings from 1945 to 1947 failed to find common ground, and the ideological divide became insurmountable. British Prime Minister Winston Churchill's 1946 "Iron Curtain"* speech emphasized the split between the communist Eastern Bloc and democratic Western Bloc, marking the onset of the Cold War.**

The political, military, and ideological barrier the Soviet Union established to isolate itself and its Eastern and Central European allies from direct interaction with the Western and noncommunist regions of Europe.

**A period of geopolitical and ideological tension between the United States and the Soviet Union and their respective allies, lasting from 1945 to the early 1990s.*

DER EISERNE VORHANG

Die Teilung Deutschlands sollte nur vorübergehend sein, aber die Sowjetunion (UdSSR) und die westlichen Alliierten hatten sehr unterschiedliche Vorstellungen über die Zukunft des Landes.

Während die West-Alliierten den wirtschaftlichen Wiederaufbau Deutschlands und die Einführung einer demokratischen Regierungsform anstrebten, war das Ziel der UdSSR, die Ressourcen der Ostzone für den Wiederaufbau der Sowjetunion zu nutzen und den Kommunismus in ganz Europa zu verbreiten.

Bei wiederholten Treffen zwischen 1945 und 1947 gelang es nicht, eine gemeinsame Basis zu finden, und die ideologische Kluft wurde unüberwindbar. Die Rede des britischen Premierministers Winston Churchill von 1946 über den „Eisernen Vorhang"* betonte die Spaltung zwischen dem kommunistischen Ostblock und dem demokratischen Westblock und markierte den Beginn des „Kalten Krieges".**

Die politische, militärische und ideologische Barriere, die die Sowjetunion errichtete, um sich und ihre ost- und mitteleuropäischen Verbündeten von direkten Kontakten mit den westlichen und nichtkommunistischen Regionen Europas zu isolieren.

**Eine Zeit geopolitischer und ideologischer Spannungen zwischen den Vereinigten Staaten und der Sowjetunion und ihren jeweiligen Verbündeten, die von 1945 bis in die frühen 1990er Jahre andauerte.*

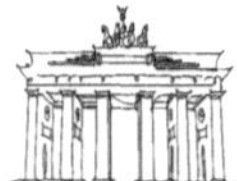
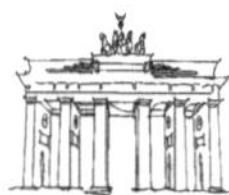

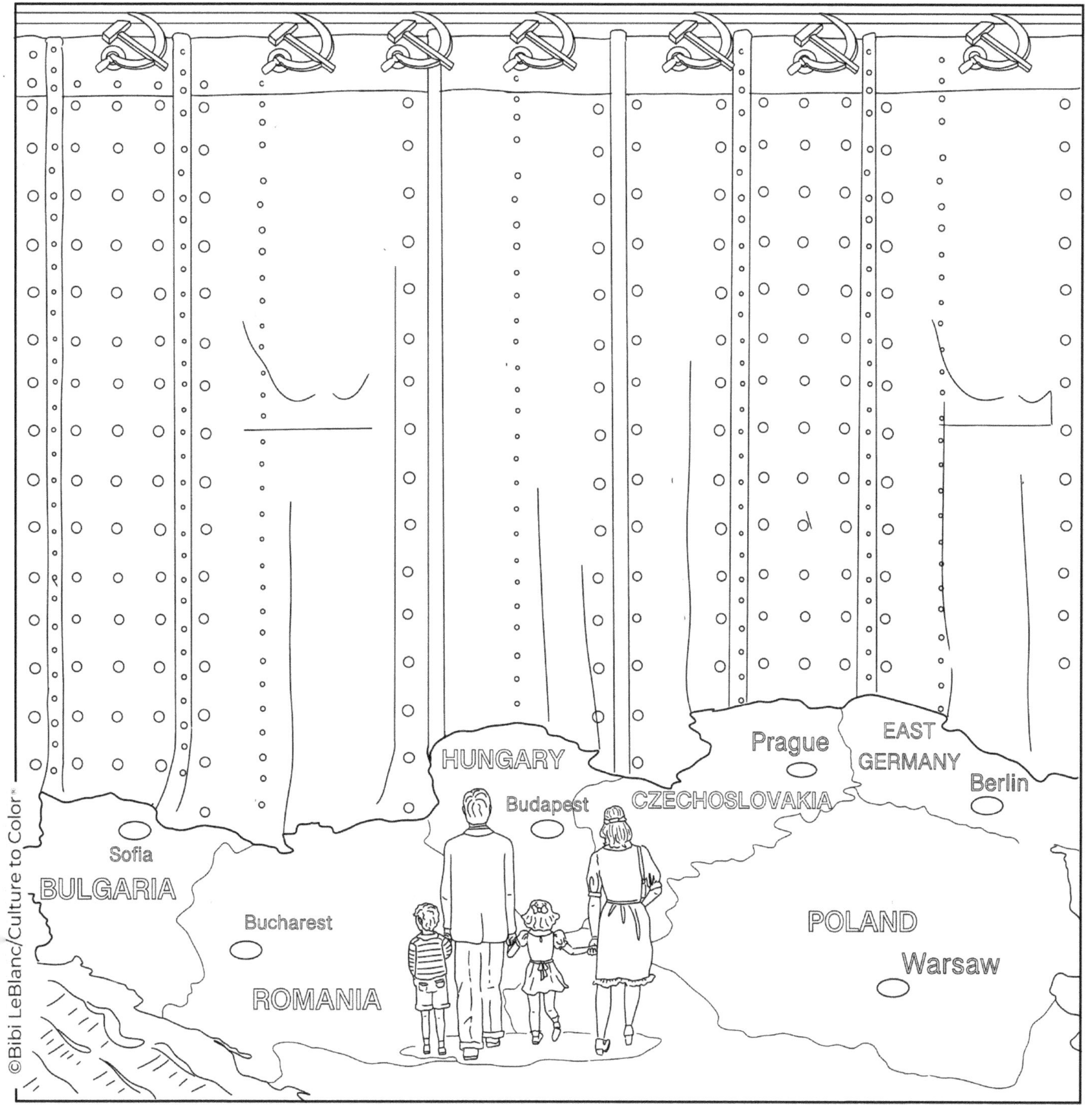

HUNGARY
Budapest
Prague
EAST GERMANY
Berlin
CZECHOSLOVAKIA
Sofia
BULGARIA
Bucharest
ROMANIA
POLAND
Warsaw

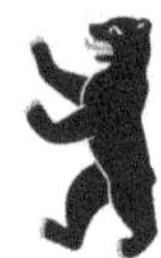

BERLIN BLOCKADE & AIRLIFT

In June 1948, in a dramatic effort to put pressure on the West, the Soviets closed all access to the city "for repairs." The Blockade of West Berlin led to supply shortages for the 2.5 million people living there. The only access was via three air corridors, and the Western Allies began an airlift. For almost one year, airplanes loaded with supplies needed for the survival of the people landed at Berlin airports every three minutes!

Col. Gail Halvorsen became known as the candy pilot for rocking his wings and dropping candy parachutes to the children. "Candy bombers" delivered 2.34 million tons of supplies in 277,000 flights. On May 12, 1949, the Berlin Blockade was finally lifted. After 10 months and 16 days of intense standoff with the Soviet Union, the end of the blockade marked a pivotal chapter of the Cold War.

Without the airlift, the course of the history of Western Europe would have taken a vastly different direction!

BERLIN BLOCKADE & LUFTBRÜCKE

Im Juni 1948, in einem dramatischen Versuch, Druck auf den Westen auszuüben, schlossen die Sowjets alle Zugänge zur Stadt „wegen Reparaturen." Die Blockade Berlins führte zu Versorgungsengpässen für die 2,5 Millionen Menschen. Der einzige Zugang waren drei Luftkorridore, und die West-Alliierten begannen eine Luftbrücke. Fast ein Jahr lang landeten alle drei Minuten Flugzeuge, beladen mit lebenswichtigen Versorgungsgütern für die Berliner Bevölkerung, auf den Berliner Flughäfen.

Oberst Gail Halvorsen wurde als Schokoladenpilot bekannt, weil er während des Landeanflugs mit den Flügeln wackelte und Süßigkeiten an Taschentuch-Fallschirmen für die Kinder abwarf. Die „Rosinenbomber" lieferten auf 277.000 Flügen 2,34 Millionen Tonnen Vorräte. Am 12. Mai 1949 wurde die Berliner Blockade endlich aufgehoben. Nach 10 Monaten und 16 Tagen intensiver Konfrontation mit der Sowjetunion markierte das Ende der Blockade ein entscheidendes Kapitel des Kalten Krieges.

Ohne die Luftbrücke hätte der Verlauf der Geschichte Westeuropas eine völlig andere Richtung eingeschlagen!

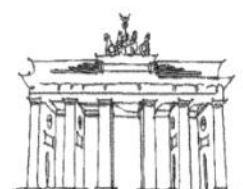

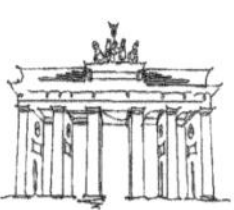

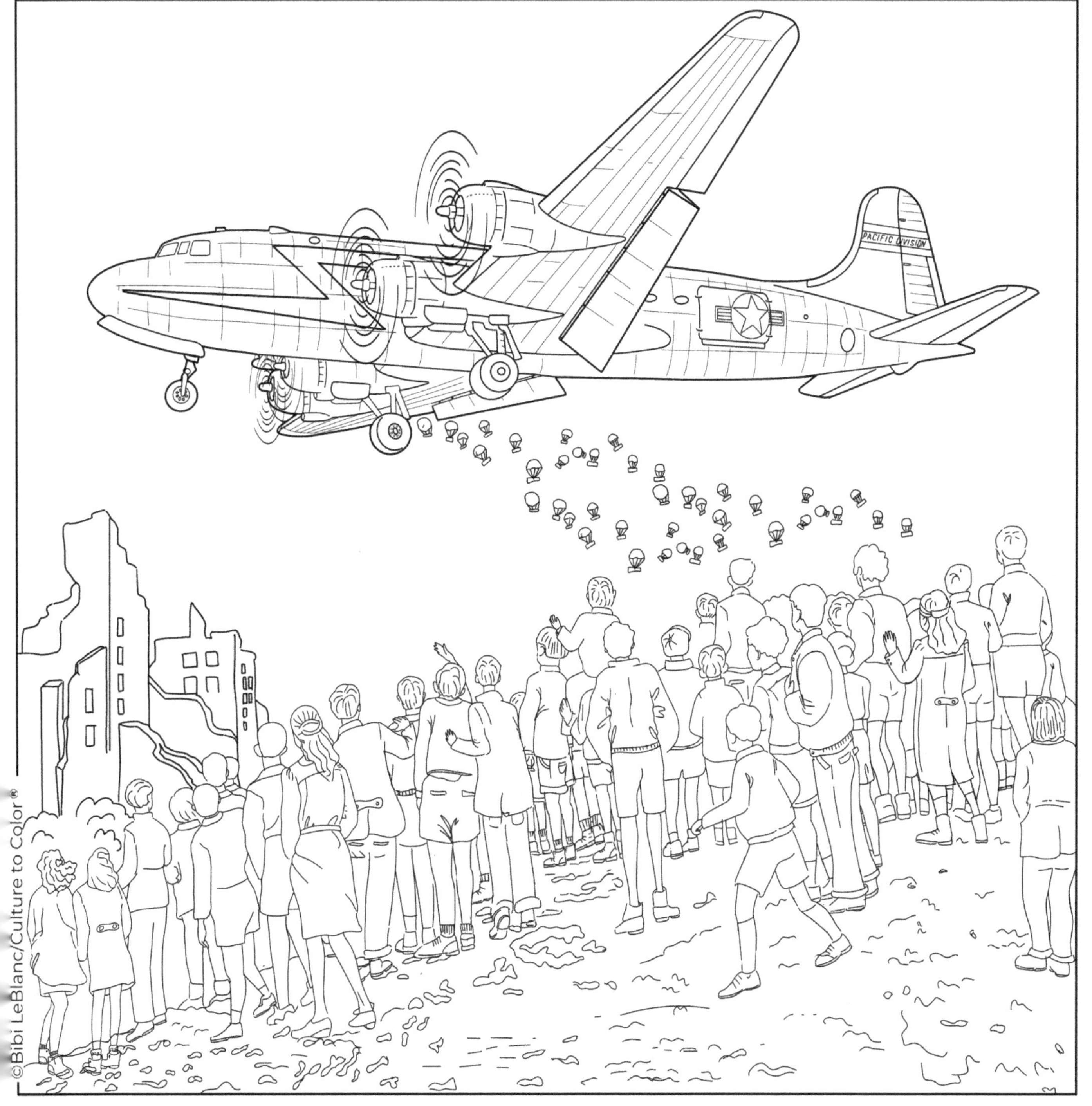
PACIFIC DIVISION

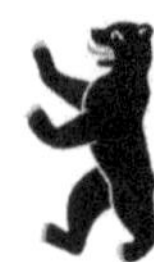

BERLIN WALL

Construction of the Berlin Wall, a 12-foot-tall concrete barrier, began on the night of August 13, 1961, because at that point, every day thousands of people—among them many skilled laborers, professionals, and intellectuals—were escaping communist oppression in the Soviet-controlled sector. Shortly after midnight, East German soldiers began laying down barbed wire and brick as a barrier between communist-controlled East Berlin and the democratic western sectors.

By the next morning, the residents of Berlin woke up to a stark new reality—what had once been a single, vibrant city was now divided. Without warning or preparation, families, friends, and coworkers were suddenly cut off from their workplaces, schools, and loved ones, leaving an overwhelming sense of shock and despair.

The Berlin Wall physically and ideologically divided Berlin from 1961 to 1989. It was guarded by sharpshooters in watchtowers and electric fences, and guard dogs patrolled minefields called the "death strip."

BERLINER MAUER

Der Bau der Berliner Mauer, einer 3,60 m hohen Betonbarriere, begann in der Nacht des 13. August 1961, weil zu diesem Zeitpunkt täglich Tausende von Menschen – darunter viele Facharbeiter, Berufstätige und Intellektuelle – der kommunistischen Unterdrückung im sowjetisch kontrollierten Sektor entkommen wollten. Kurz nach Mitternacht begannen ostdeutsche Soldaten, Stacheldraht und Ziegelsteine als Barriere zwischen dem kommunistisch kontrollierten Ost-Berlin und den demokratischen Westsektoren zu errichten.

Am nächsten Morgen erwachten die Bewohner Berlins in einer harten neuen Realität – was einst eine einheitliche, lebendige Stadt war, war nun geteilt. Ohne Vorwarnung oder Vorbereitung wurden Familien, Freunde und Arbeitskollegen plötzlich von ihren Arbeitsplätzen, Schulen und geliebten Menschen abgeschnitten, was überwältigende Gefühle von Schock und Verzweiflung auslöste.

Die Berliner Mauer trennte Berlin von 1961 bis 1989 physisch und ideologisch. Sie wurde von Scharfschützen in Wachtürmen und elektrischen Zäunen bewacht, und Wachhunde patrouillierten Minenfelder, die als „Todesstreifen" bezeichnet wurden.

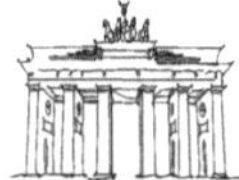

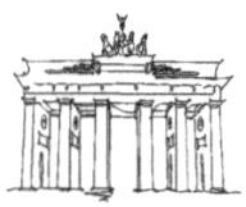

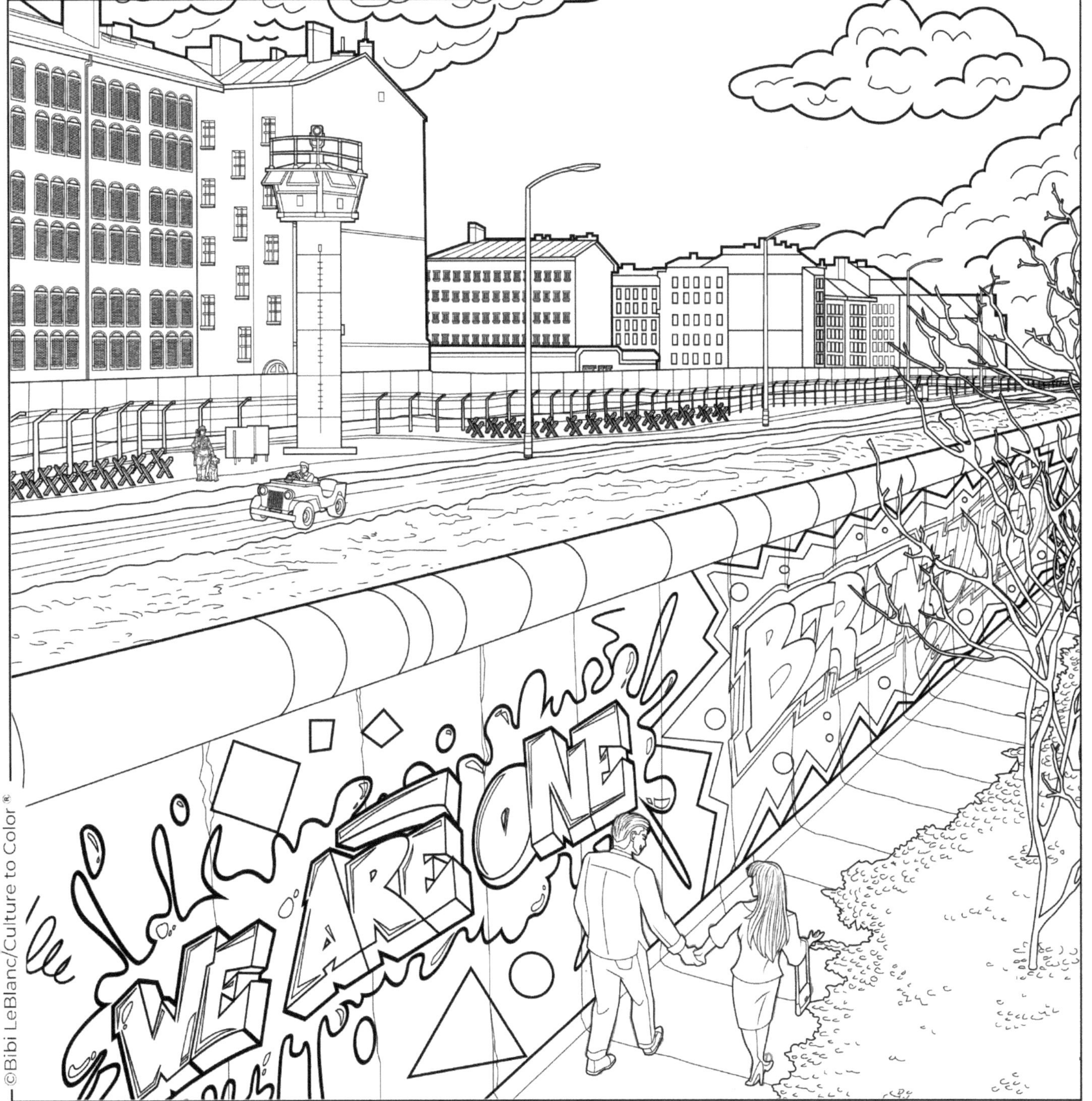

WE ARE ONE

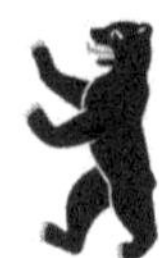

BRANDENBURG GATE

Berlin's iconic landmark offers fascinating insights into the city's history. Until the beginning of the construction of the Berlin Wall in 1961, everyone could travel freely through the Brandenburg Gate.

Then, and for the next 28 years, the Brandenburg Gate was isolated in no-man's land and became the focus of the world's attention. It came to symbolize Berlin's Cold War division into East and West – and, since the fall of the Wall, a reunified Germany.

On December 22, 1989, the official re-opening of the Brandenburg Gate took place to the cheers of more than 100,000 people.

BRANDENBURGER TOR

Das ikonische Wahrzeichen Berlins bietet faszinierende Einblicke in die Geschichte der Stadt. Bis zum Beginn des Baus der Berliner Mauer im Jahr 1961 konnte jeder frei durch das Brandenburger Tor reisen.

Dann, und für die nächsten 28 Jahre, war das Brandenburger Tor im Niemandsland isoliert und rückte in den Fokus der weltweiten Aufmerksamkeit. Es wurde zum Symbol für die Teilung Berlins in Ost und West während des Kalten Krieges – und seit dem Fall der Mauer für ein wiedervereinigtes Deutschland.

Am 22. Dezember 1989 fand die offizielle Wiedereröffnung des Brandenburger Tores unter dem Jubel von mehr als 100.000 Menschen statt.

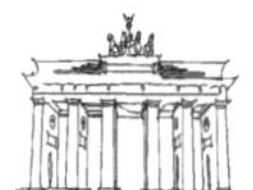

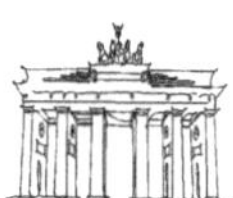

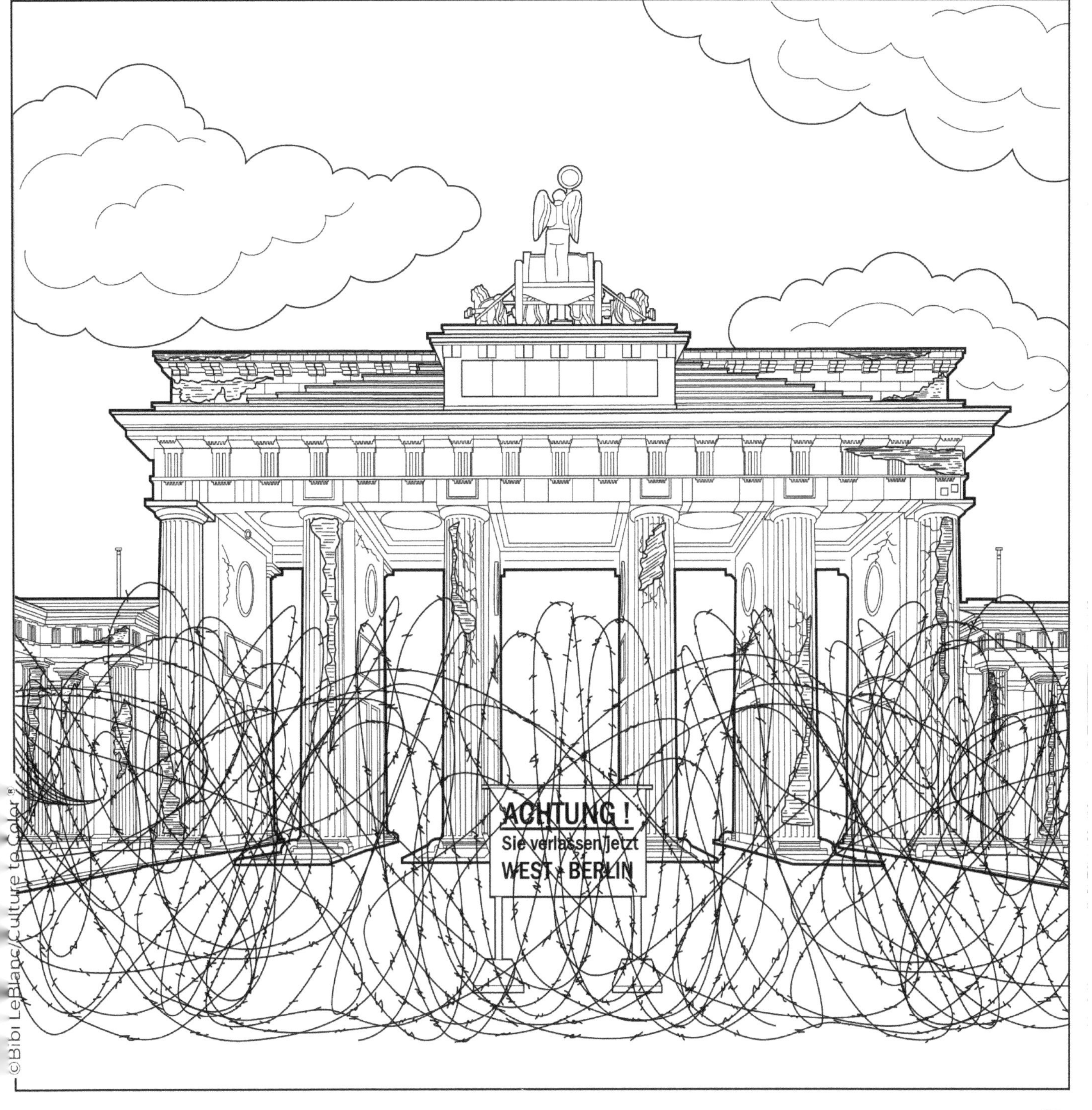

ACHTUNG !
Sie verlassen jetzt
WEST - BERLIN

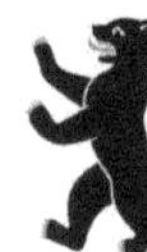# VIEWING PLATFORMS

The Berlin Wall (1961 – 1989) was one of the Cold War's most powerful and iconic symbols. Viewing platforms were built on the *west* side of the Wall, allowing people to look into East Berlin, highlighting the stark reality of the division, and showcasing the contrast between East and West.

West Berliners and visitors could climb up to get a glimpse of the world behind the Iron Curtain: the soldiers in watch towers and the barren "death strip" that separated East Berlin from West Berlin, geographically and politically.

The platforms also served practical purposes, such as enabling Western observers to monitor activities in the East and allowing separated families to wave to each other from afar.

The Soviet-controlled East considered these platforms provocations and often tried to obstruct the views by erecting barriers. Despite tensions, the platforms remained a fixture of Cold War Berlin until the fall of the Wall.

AUSSICHTSPLATTFORMEN

Die Berliner Mauer (1961–1989) war eines der mächtigsten und ikonischsten Symbole des Kalten Krieges. Auf der Westseite der Mauer wurden Aussichtsplattformen errichtet, die es den Menschen ermöglichten, nach Ost-Berlin zu blicken und die bittere Realität der Teilung sowie den Kontrast zwischen Ost und West zu sehen.

West-Berliner und Besucher konnten hinaufsteigen, um einen Blick auf die Welt hinter dem Eisernen Vorhang zu werfen: die Soldaten in den Wachtürmen und den kargen „Todesstreifen", der Ost-Berlin geografisch und politisch von West-Berlin trennte.

Die Plattformen dienten auch praktischen Zwecken, wie beispielsweise westlichen Beobachtern die Überwachung von Aktivitäten im Osten zu ermöglichen und getrennten Familien die Möglichkeit zu geben, sich aus der Ferne zuzuwinken.

Das von den Sowjets kontrollierte Ostdeutschland betrachtete diese Plattformen als Provokationen und versuchte oft, die Sicht zu behindern, indem Barrieren errichtet wurden. Trotz der Spannungen blieben die Plattformen bis zum Fall der Mauer ein fester Bestandteil des geteilten Berlins im Kalten Krieg.

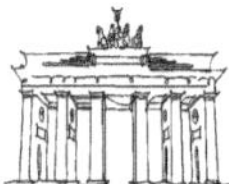

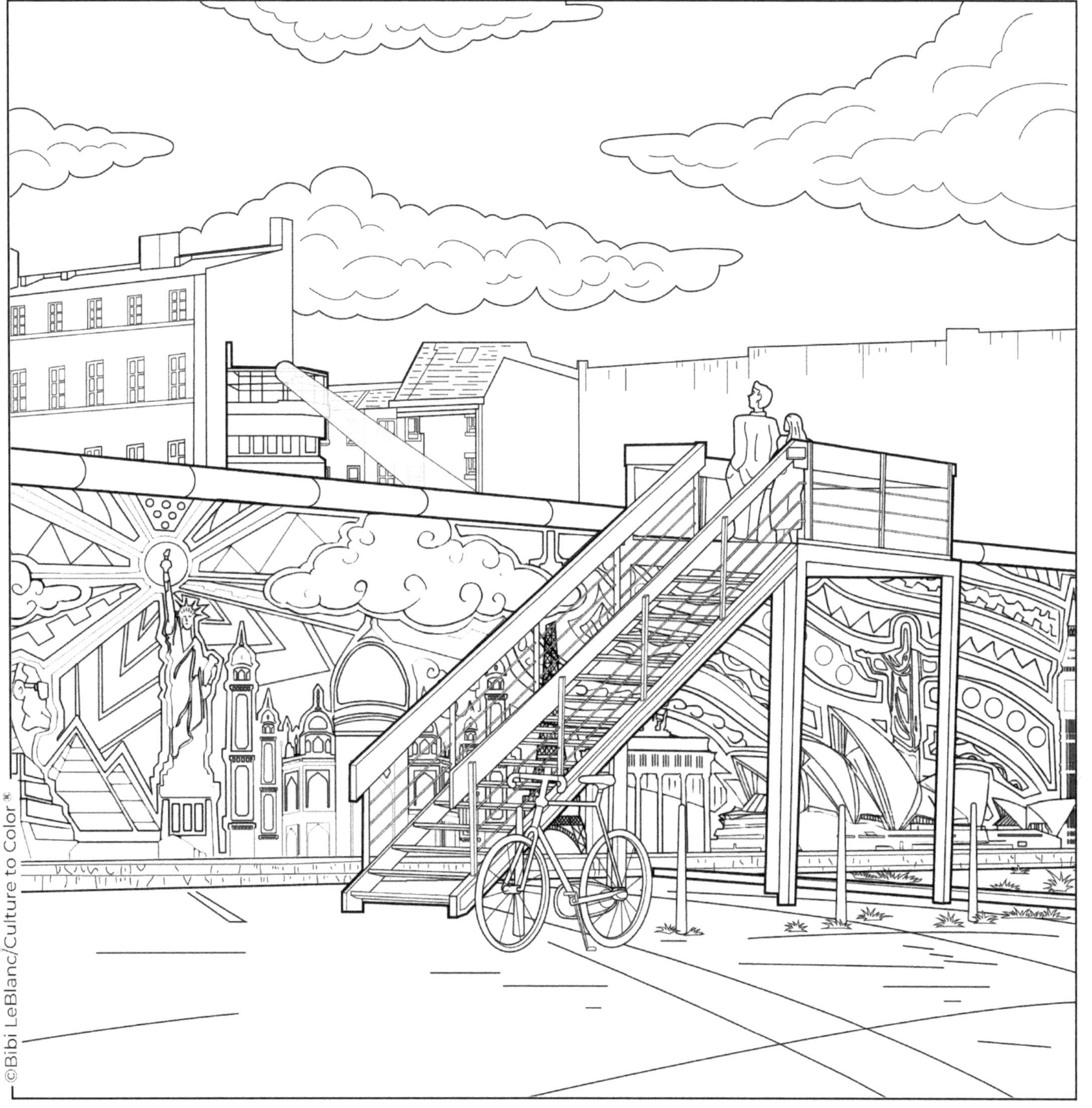

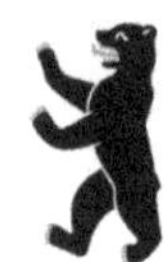

JOHN F. KENNEDY IN BERLIN

President John F. Kennedy (1917 – 1963) has been a legend in the German capital since his speech on June 26, 1963.

Speaking from a platform at Rathaus Schöneberg to an audience of 450,000, Kennedy said,

> *"Freedom is indivisible, and when one man is enslaved, all are not free. When all are free, then we . . . can look forward to that day when this city will be joined as one. . . . All -- All free men, wherever they may live, are citizens of Berlin.*

> *"And, therefore, as a free man, I take pride in the words --*

> *'Ich bin ein Berliner.'"*

JFK pledging the full might of the United States to defend West Berlin was a clear statement of U.S. policy in the wake of the construction of the Berlin Wall. His commitment also provided a great morale boost for West Berliners who feared Soviet occupation.

JOHN F. KENNEDY IN BERLIN

John F. Kennedy (1917 – 1963) ist seit seiner Rede am 26. Juni 1963 eine Legende in der deutschen Hauptstadt.

Am Rathaus Schöneberg sagte Kennedy vor 450.000 Zuschauern:

> *„Freiheit ist unteilbar, und wenn ein Mensch versklavt ist, sind alle nicht frei. Wenn alle frei sind, können wir uns auf den Tag freuen, an dem diese Stadt als eine vereint sein wird. . . . Alle - alle freien Menschen, wo immer sie auch leben mögen, sind Bürger von Berlin.*

> *Und daher, als freier Mensch, bin ich stolz zu sagen ‚Ich bin ein Berliner.'"*

Als Präsident Kennedy so die volle Macht der USA zur Verteidigung West-Berlins zusicherte, war dies eine klare Aussage der US-Politik nach dem Bau der Mauer und eine große moralische Stärkung für die West-Berliner, die eine sowjetische Besetzung befürchteten.

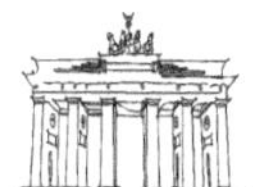

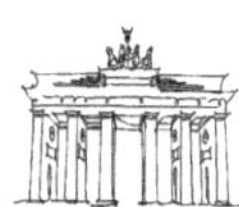

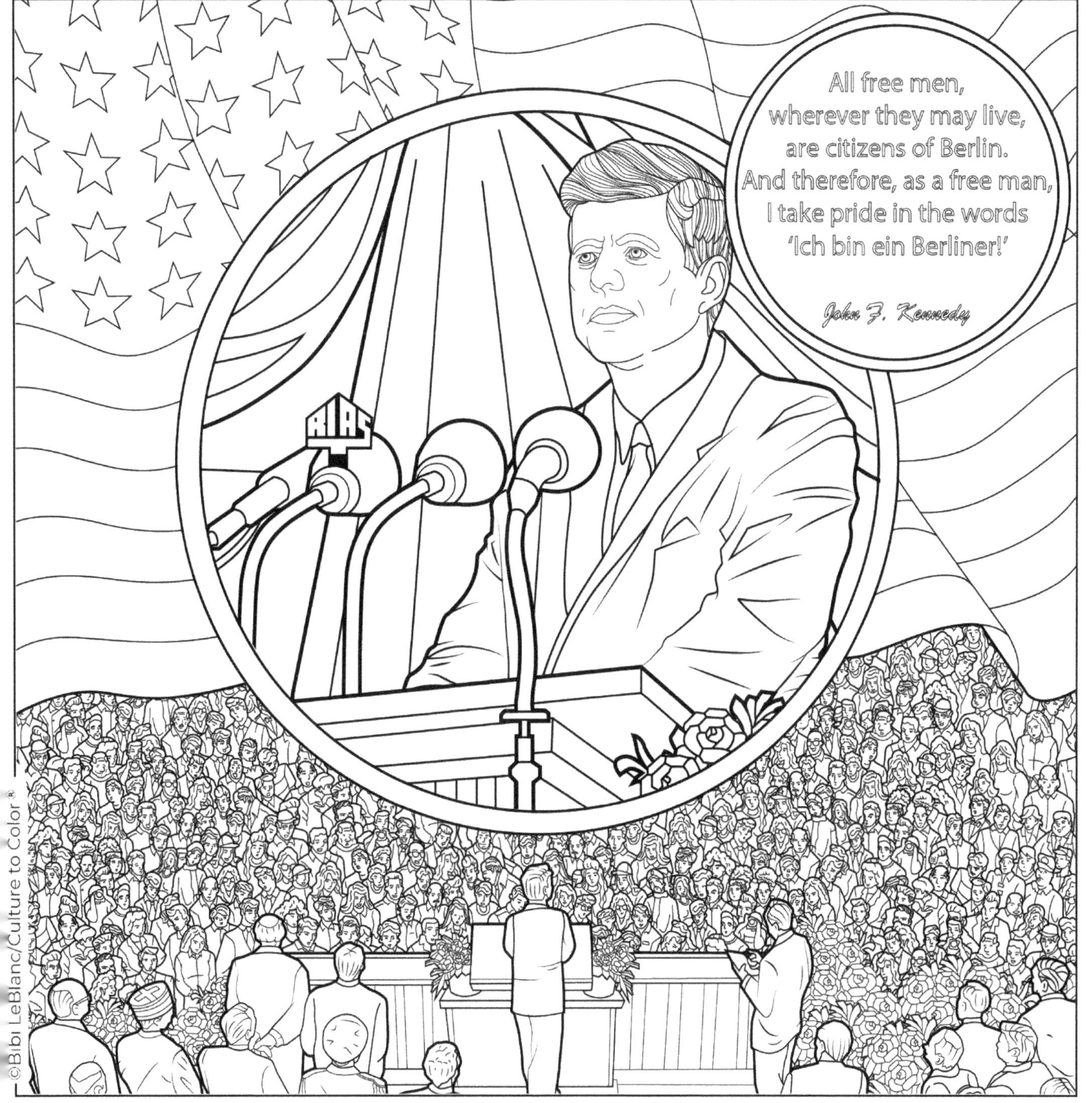
All free men,
wherever they may live,
are citizens of Berlin.
And therefore, as a free man,
I take pride in the words
'Ich bin ein Berliner!'

John F. Kennedy

RIAS

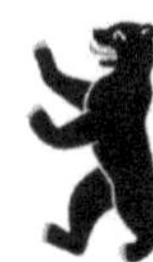

WILLY BRANDT

Willy Brandt (1913 – 1992) served as Governing Mayor of Berlin from 1957 to 1966 during a period of increasing tension in East-West relations.

Brandt was an outspoken critic of Soviet repression. He was the leader of the Social Democratic Party of Germany from 1964 to 1987 and served as Chancellor of the Federal Republic of Germany from 1969 to 1974. While Chancellor, he maintained West Germany's close ties with the United States.

For his *Ostpolitik*, which significantly contributed to improving relations with Eastern Europe, Willy Brandt received the Nobel Peace Prize in 1971.

WILLY BRANDT

Willy Brandt (1913 - 1992) war von 1957 bis 1966, in einer Zeit zunehmender Spannungen in den Ost-West-Beziehungen, Regierender Bürgermeister von West-Berlin.

Brandt war ein ausgesprochener Kritiker der sowjetischen Unterdrückung. Von 1964 bis 1987 war er Vorsitzender der SPD und von 1969 bis 1974 Kanzler der Bundesrepublik Deutschland. Als Bundeskanzler hielt er die enge Verbindung Westdeutschlands mit den Vereinigten Staaten aufrecht.

Für seine Ostpolitik, die viel zur Verbesserung der Beziehungen zu Osteuropa beitrug, erhielt Willy Brandt 1971 den Friedensnobelpreis.

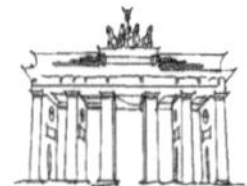

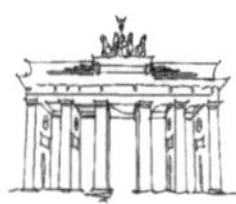

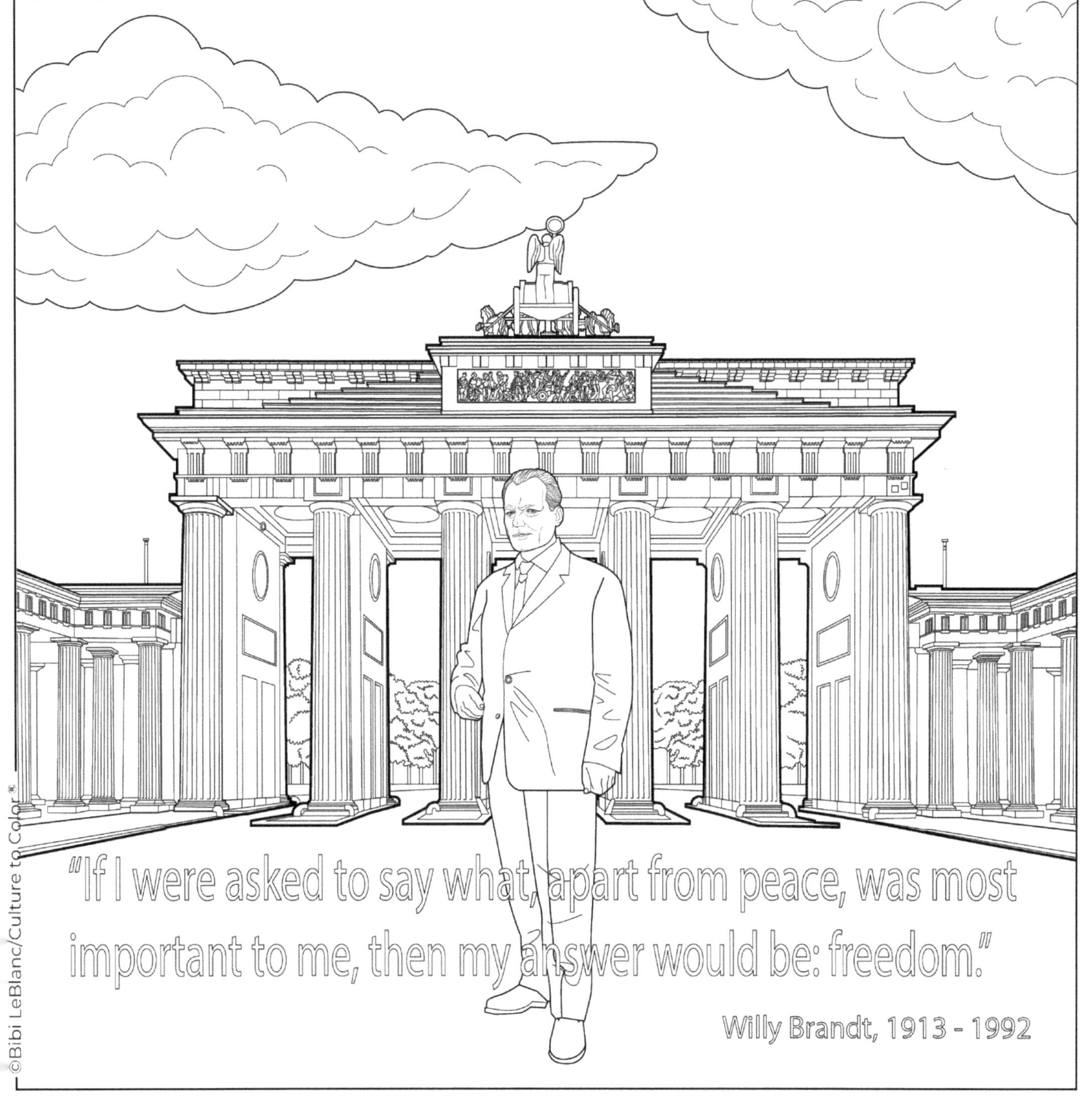

"If I were asked to say what, apart from peace, was most important to me, then my answer would be: freedom."

Willy Brandt, 1913 - 1992

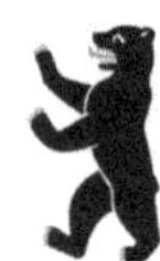

KAISER WILHELM MEMORIAL CHURCH AT KURFÜRSTENDAMM

The Kaiser Wilhelm Memorial Church (Gedächtniskirche) is one of Berlin's striking landmarks. The ruin of the original west tower of the church at Kurfürstendamm, referred to as "hollow tooth" by Berliners, is now a peace memorial. It is the symbolic center of West Berlin.

One of the most famous streets in the world, Kurfürstendamm, or Ku'damm, was built in the 16th century as a bridle path. Later, based on the French model, it became a boulevard with theaters, cafés, and shops.

Stroll along Ku'damm, where old and new architecture meet almost seamlessly, peruse elegant shop windows, or enjoy a cappuccino in one of the plentiful street cafés.

KAISER WILHELM GEDÄCHTNISKIRCHE AM KURFÜRSTENDAMM

Die Gedächtniskirche ist eines der markantesten Wahrzeichen Berlins. Die Ruine des ursprünglichen Westturms der Kirche am Kurfürstendamm, von den Berlinern als „hohler Zahn" bezeichnet, dient heute als Friedensmahnmal. Sie ist das symbolische Zentrum West-Berlins.

Eine der berühmtesten Straßen der Welt – der Kurfürstendamm, auch Ku'damm genannt – wurde im 16. Jahrhundert als Reitweg gebaut. Später wurde er nach französischem Vorbild zu einer Prachtstraße mit Theatern, Cafés und exklusiven Geschäften.

Machen Sie einen Schaufensterbummel entlang des Ku'damms, wo alte und neue Architektur fast nahtlos zusammentreffen, oder geniessen Sie einen Cappuccino in einem der zahlreichen Straßen-Cafés.

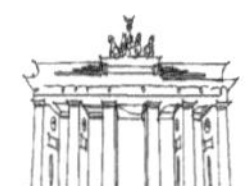

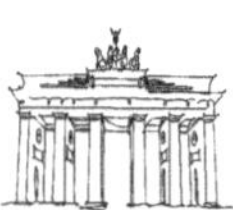

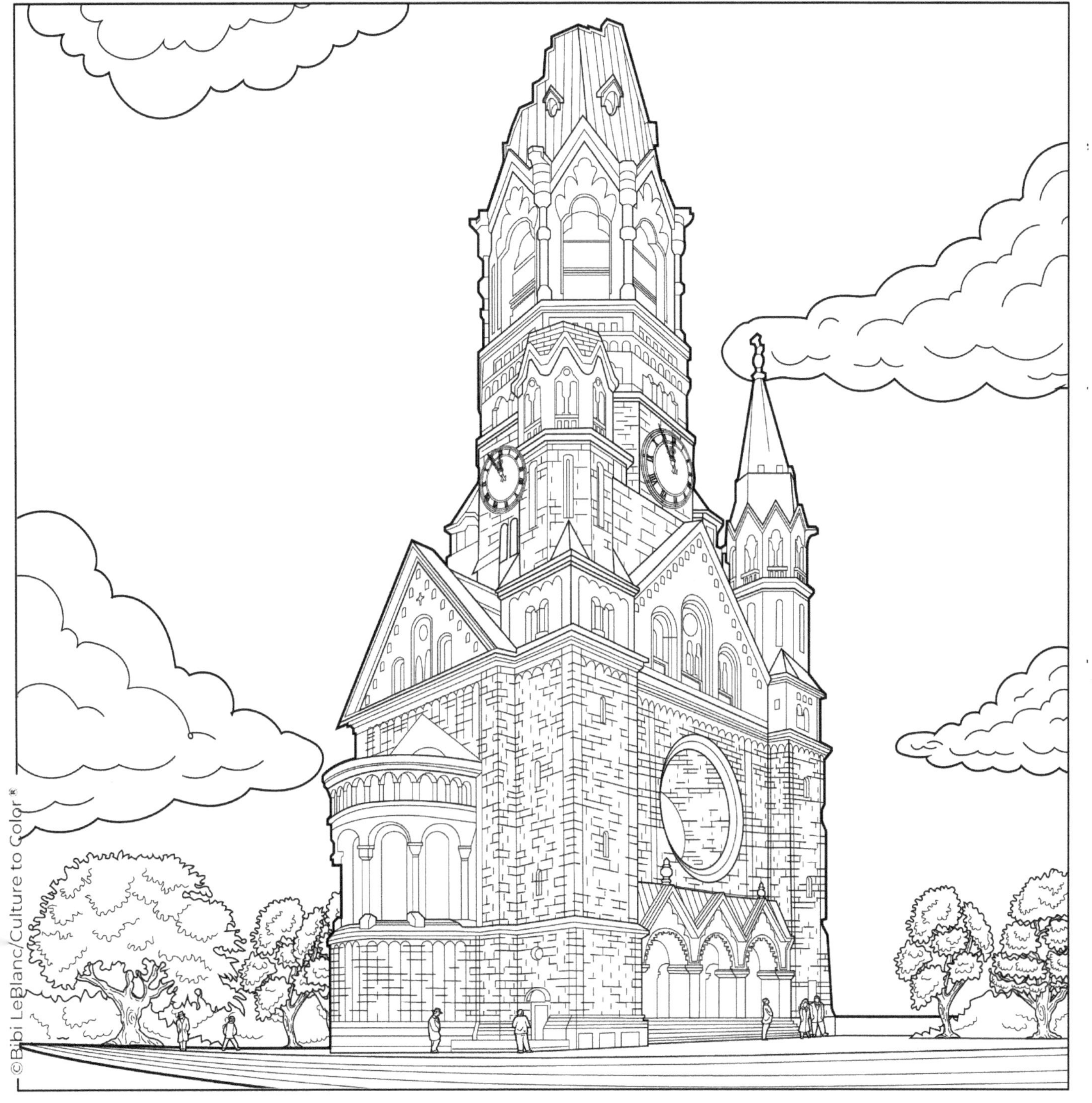

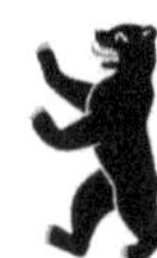

KADEWE – DEPARTMENT STORE OF THE WEST

The KaDeWe, short for *Kaufhaus des Westens*, is the best-known department store in Germany and one of the largest in Europe, along with Harrods in London and the Galeries Lafayette in Paris.

Since its opening in 1907, the store has offered a mix of luxury goods. During the Cold War, KaDeWe became a symbol of the regained economic power of West Germany during the *Wirtschaftswunder* economic boom.

Today, KaDeWe is an international department store that offers designer goods and exclusive brands and is famous for its legendary delicatessen department.

KADEWE – KAUFHAUS DES WESTENS

Das Kaufhaus des Westens, kurz KaDeWe, ist das bekannteste Kaufhaus in Deutschland, und, neben Harrods in London und Galeries Lafayette in Paris, eines der größten in Europa.

Seit seiner Eröffnung im Jahr 1907 bietet das Kaufhaus eine Mischung aus gehobenen- und Luxusgütern an. In den Jahren des Kalten Krieges wurde das KaDeWe während des Wirtschaftswunders zum Symbol für die wiedererlangte Wirtschaftskraft West-Deutschlands.

Heute ist das KaDeWe ein internationales Kaufhaus, das Designerwaren und exklusive Marken anbietet und berühmt ist für seine legendäre Feinkostabteilung.

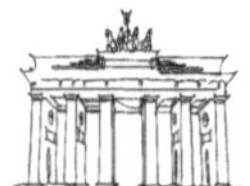

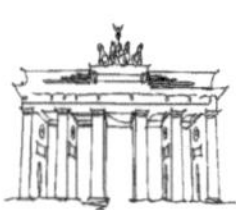

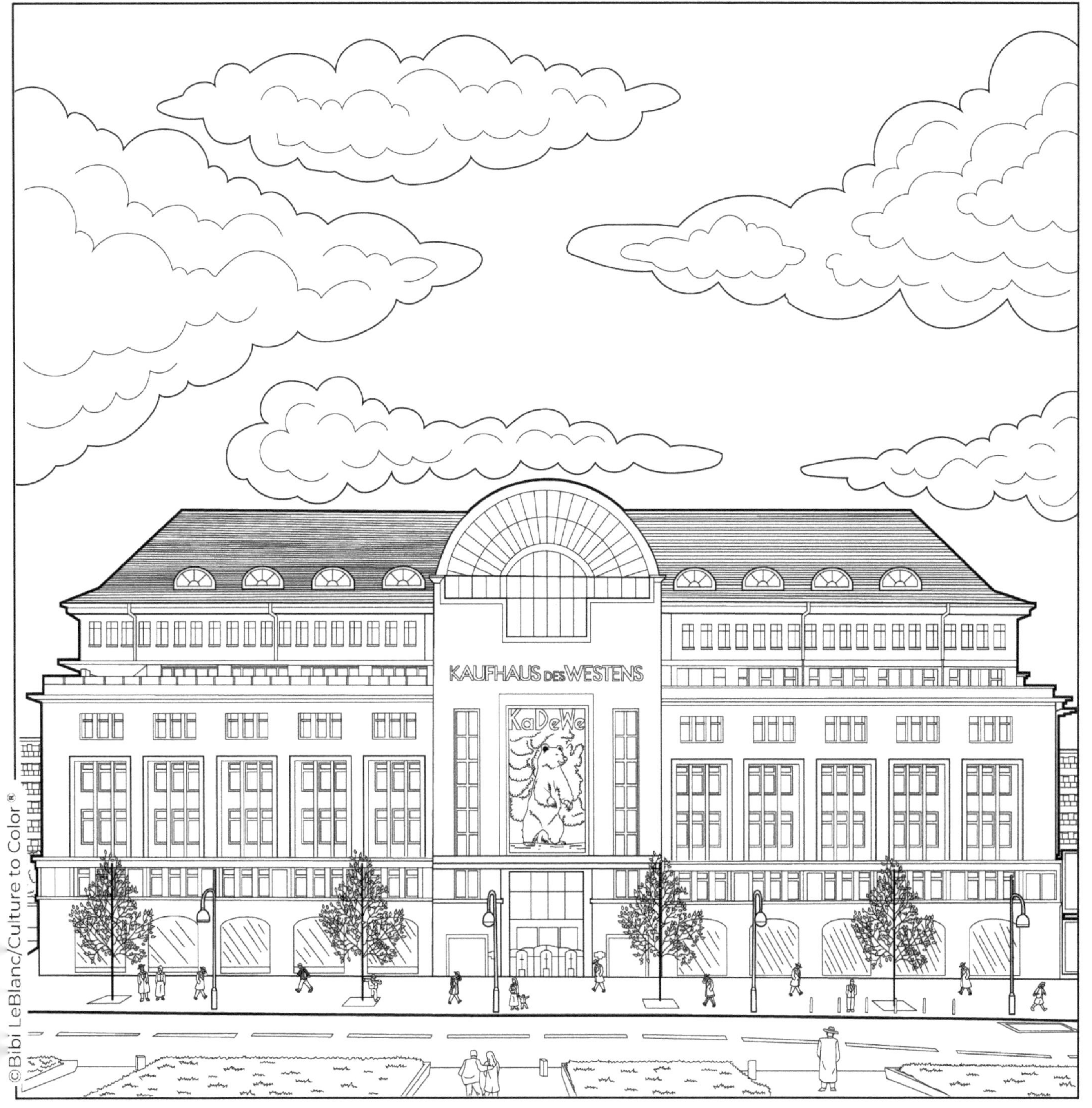

KAUFHAUS DES WESTENS
KaDeWe
©Bibi LeBlanc/Culture to Color ®

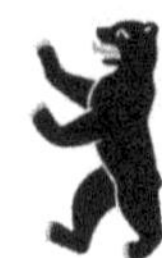

OBERBAUM BRIDGE & EAST SIDE GALLERY

The Oberbaum Bridge was built between 1894 and 1896 and spans the Spree River. From 1961 to 1989, it was a border checkpoint and could be used only by pedestrians.

Today, you can walk to the nearby East Side Gallery, the 4,317-foot-long open-air gallery of painted pieces of the Berlin Wall. It is the longest continuous section of the Wall still in existence and protected as a historical monument.

Take photos of the beautiful Oberbaum Bridge from here or enjoy a sunset with a view of the city center.

OBERBAUMBRÜCKE & EAST SIDE GALLERY

Die von 1894 bis 1896 gebaute Oberbaumbrücke überspannt die Spree. Von 1961 bis 1989 war sie ein Grenzkontrollpunkt und konnte nur von Fußgängern benutzt werden.

Entdecken Sie von hier aus die nahe gelegene East Side Gallery, die 1.316 m lange Freiluftgalerie bemalter Mauerstücke. Es ist der längste heute noch zusammenhängende Abschnitt der Berliner Mauer und steht unter Denkmalschutz.

Machen Sie von hier aus Fotos von der schönen Oberbaumbrücke oder genießen Sie einen Sonnenuntergang mit Blick auf die Innenstadt.

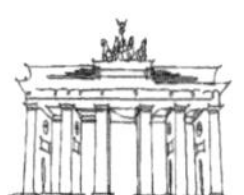

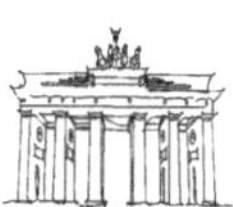

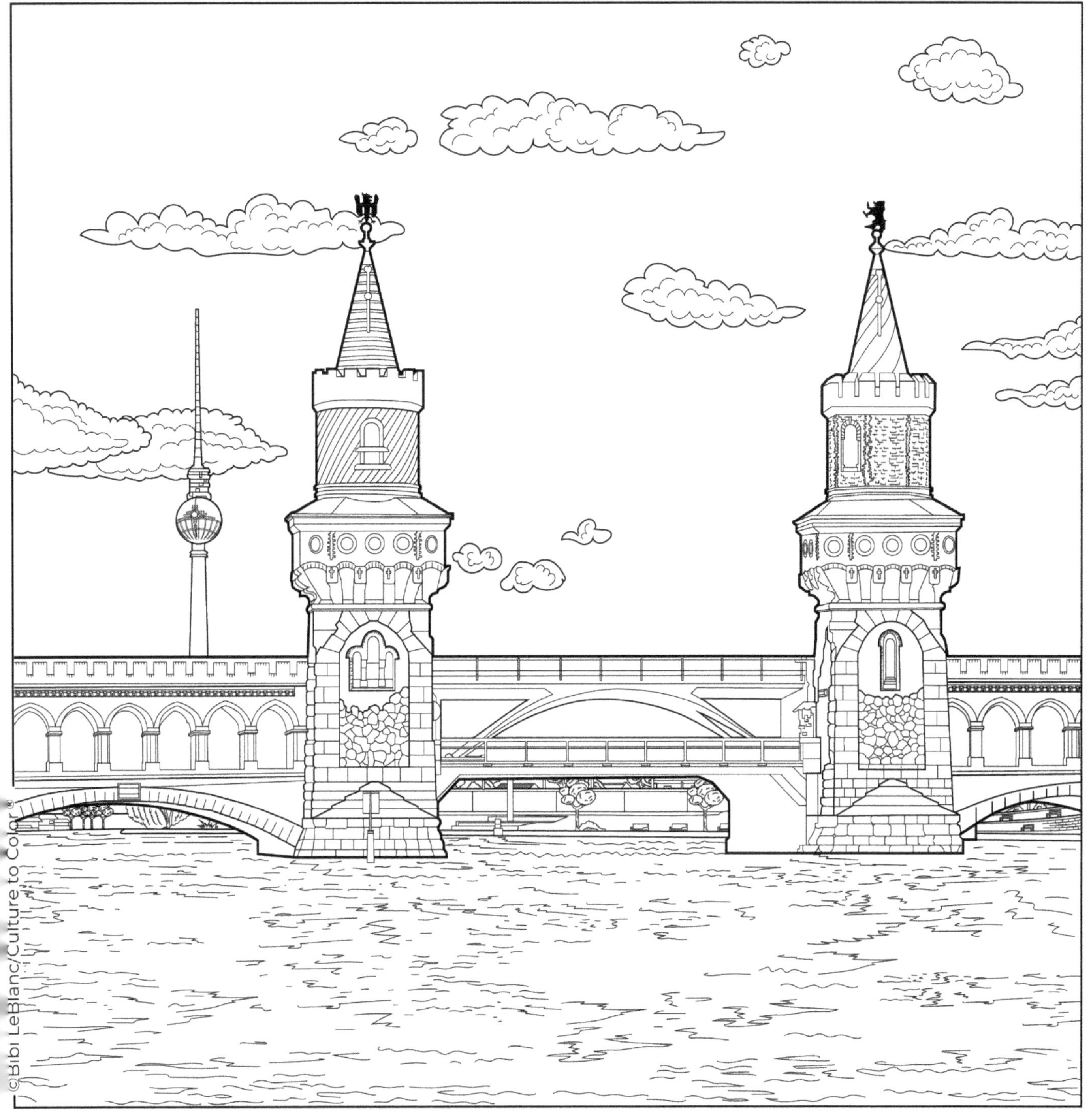

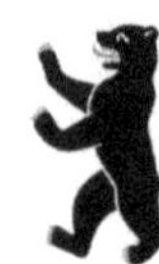

RED CITY HALL

During the Cold War, the Red City Hall played a significant role as a symbol of divided governance.

The building, heavily damaged during World War II, was reconstructed between 1951 and 1956. While West Berlin's government operated from Schöneberg City Hall, the East Berlin government held its sessions in the Red City Hall.

The building's red brick facade led some to associate it with communism, despite its name predating the Cold War era.

After German reunification in 1991, it became the seat of government for all of Berlin.

ROTES RATHAUS

Während des Kalten Krieges spielte das Rote Rathaus in Berlin eine bedeutende Rolle als Symbol der geteilten Regierung.

Das im Zweiten Weltkrieg stark beschädigte Gebäude wurde zwischen 1951 und 1956 wiederaufgebaut. Während die West-Berliner Regierung vom Rathaus Schöneberg aus operierte, hielt der Ost-Berliner Magistrat seine Sitzungen im Roten Rathaus ab.

Die rote Backsteinfassade des Gebäudes führte dazu, dass manche es mit dem Kommunismus in Verbindung brachten, obwohl sein Name älter als die Ära des Kalten Krieges ist.

Nach der deutschen Wiedervereinigung 1991 wurde das Rote Rathaus erneut zum Regierungssitz für ganz Berlin.

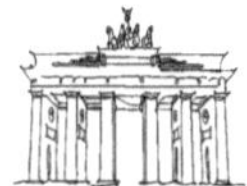
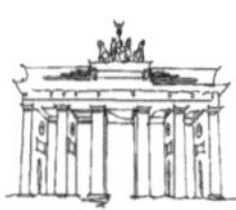

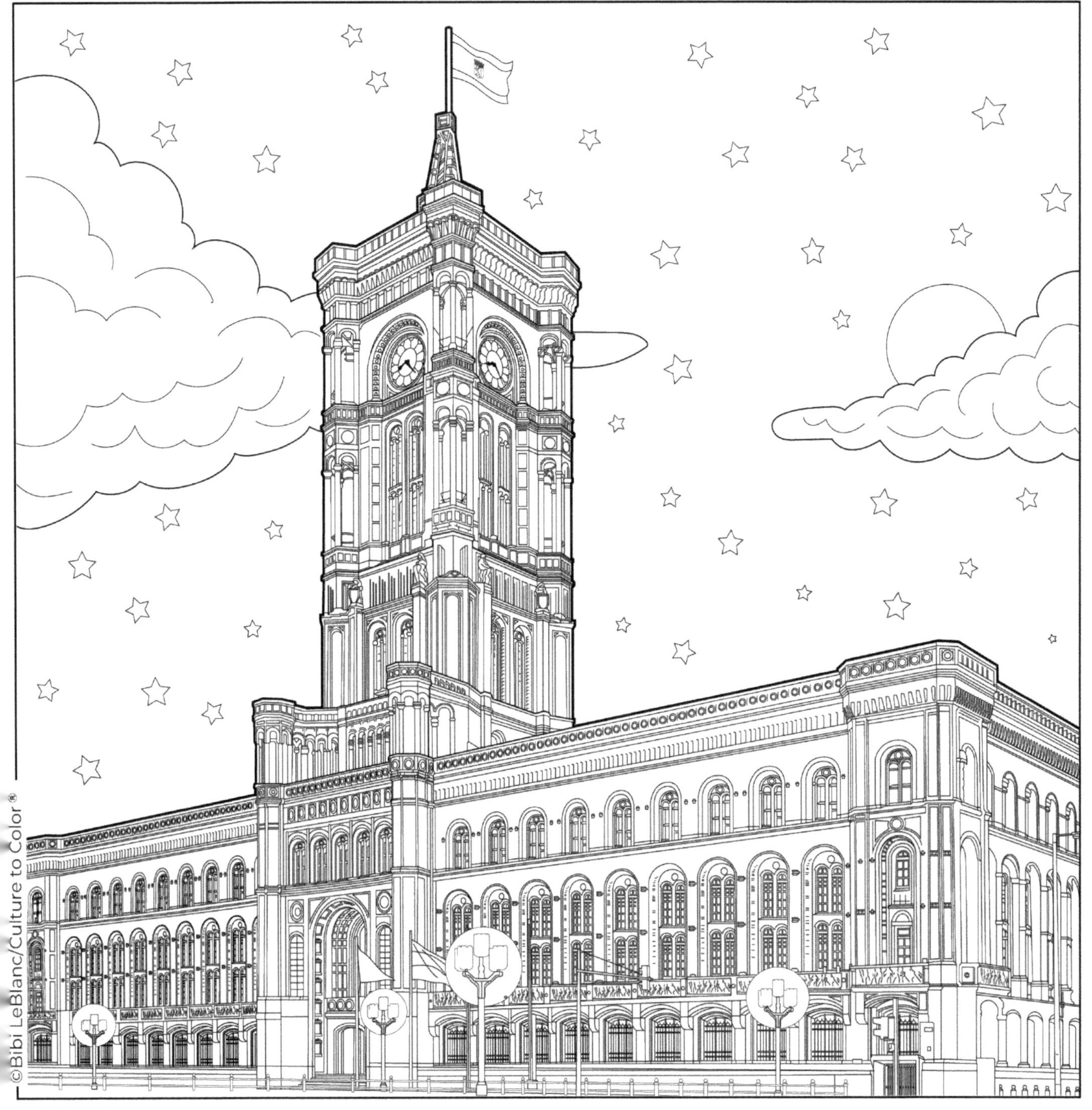

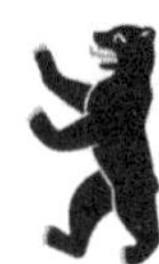

TRABANT

Lovingly called "Trabi," the Trabant automobile has become a symbol of the former East Germany. The "spark plug with a roof" has a duroplast body and two-stroke engine.

The 1980s model had no tachometer, headlights, or turn-signal indicators, no fuel gauge, or rear seat belts. The Trabant used a gasoline/oil mixture. It took 21 seconds to accelerate from 0 to 60 mph and had a top speed of 70 mph.

The name Trabant means fellow traveler, or satellite. It was inspired by the Russian satellite Sputnik, which went into space in 1957, the year the Trabi went on sale.

TRABANT

Der liebevoll „Trabi" genannte Trabant ist zu einem Symbol der ehemaligen DDR geworden. Die „Zündkerze mit Dach" hat eine Duroplastkarosserie und einen Zweitaktmotor.

Das Modell der 80er Jahre hatte keinen Drehzahlmesser, keine Scheinwerfer-, Blinker- oder Tankanzeiger, keine hinteren Sicherheitsgurte, keine externe Tankklappe, und es verwendete ein Benzin/Öl-Gemisch. Es dauerte 21 Sekunden, um von 0 auf 100 km/h zu beschleunigen, und die Höchstgeschwindigkeit betrug 112 km/h.

Der Name Trabant bedeutet „Mitreisender" oder „Satellit", inspiriert vom russischen Satelliten „Sputnik", der 1957, im Jahr des Erstverkaufs des Trabi's, in den Weltraum flog.

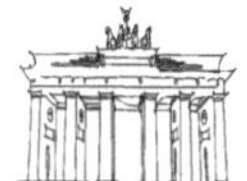

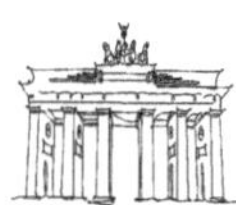

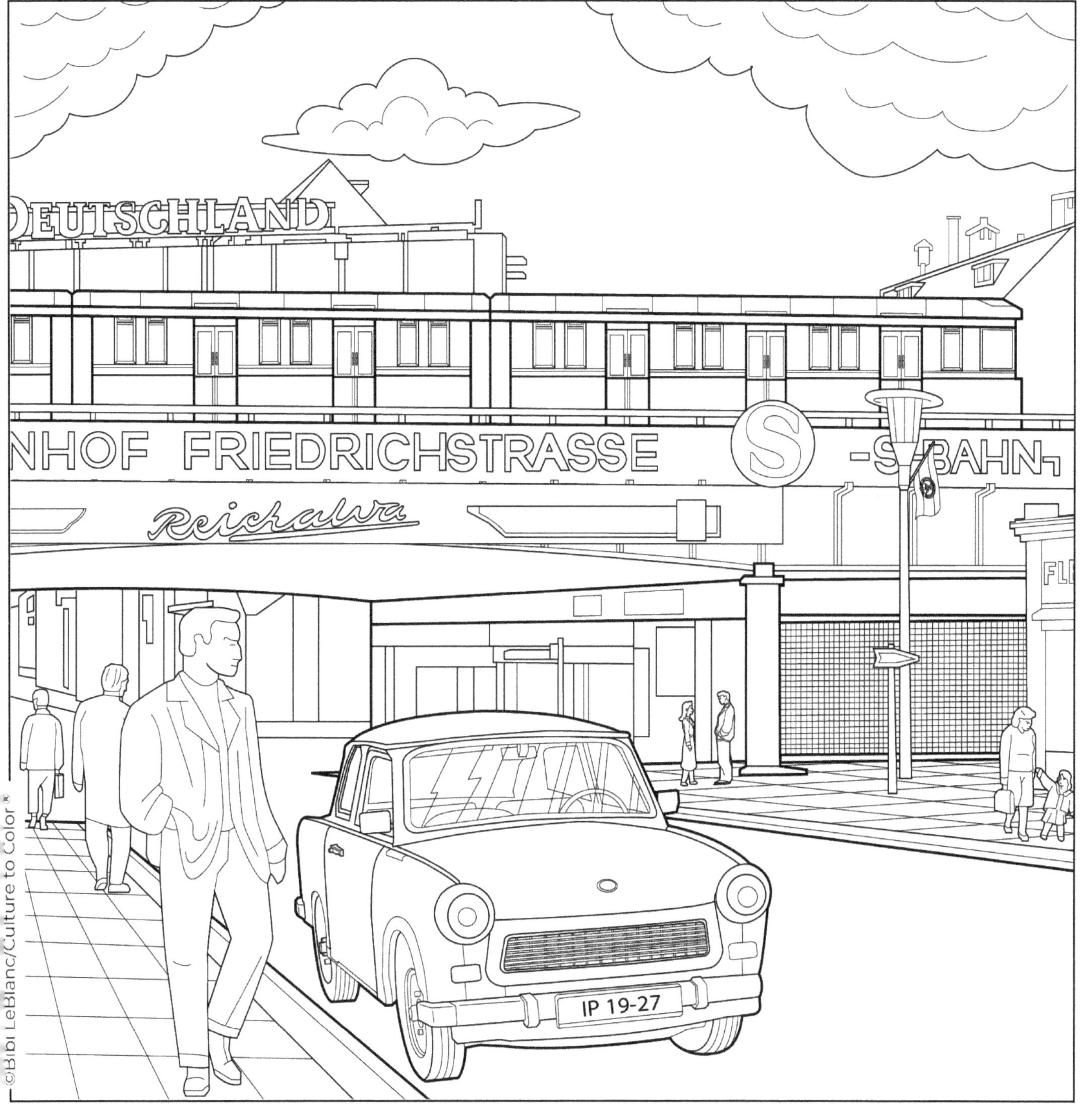

DEUTSCHLAND
NHOF FRIEDRICHSTRASSE
Reichsbahn
S
S-BAHN
FL
IP 19-27
©Bibi LeBlanc/Culture to Color®

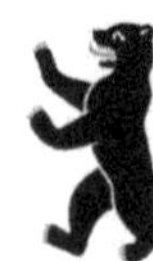

GENDARMENMARKT

The Gendarmenmarkt is said to be the most beautiful square in Berlin, maybe even in Europe.

Largely destroyed during World War II, it was restored in the 1980s. Thanks to the East-West Cultural Agreement, the Schiller Monument (with its statue of philosopher, poet, and historian Friedrich Schiller), in storage in West Berlin, was returned to its rightful home outside the Konzerthaus in the Gendarmenmarkt square in East Berlin.

Relax in one of the cafés and soak in the magnificent view of this unrivaled trio of buildings: the French Cathedral, the Concert Hall, and the German Cathedral.

GENDARMENMARKT

Es soll der schönste Platz in Berlin sein, vielleicht sogar in Europa: der Gendarmenmarkt.

Während des Zweiten Weltkrieges weitgehend zerstört, wurde er in den 1980er Jahren restauriert. Dank des Ost-West-Kulturabkommens wurde die in West-Berlin gelagerte Schiller-Statue in ihr rechtmäßiges Zuhause vor dem Konzerthaus in Ost-Berlin, mitten auf dem Gendarmenmarkt, zurückgebracht.

Entspannen Sie sich in einem der Cafés und genießen Sie den herrlichen Blick auf dieses einzigartige Trio der Architektur: Französischer Dom, Konzerthaus und Deutscher Dom.

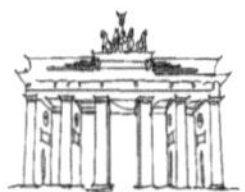

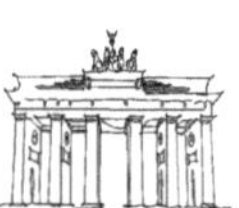

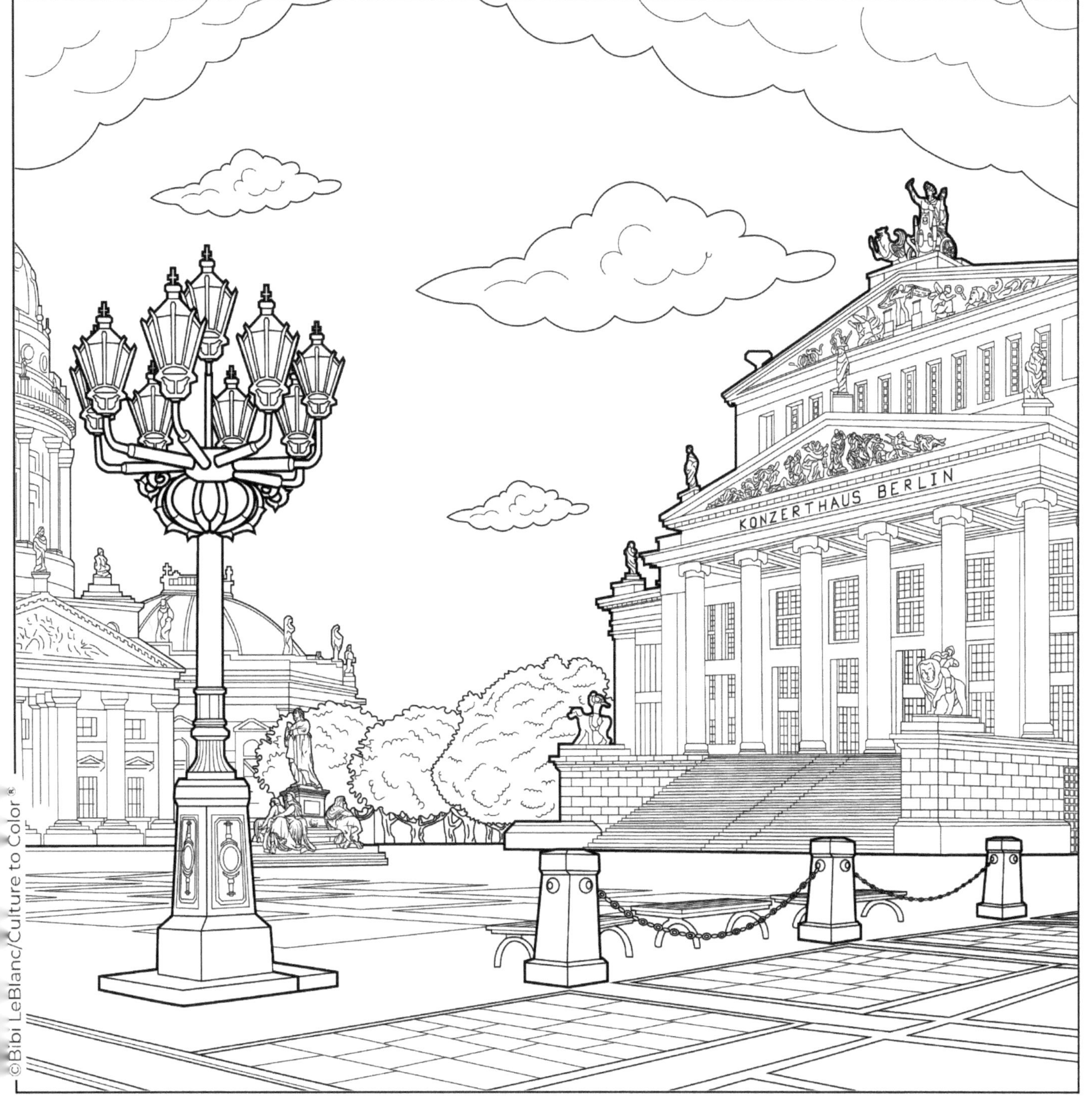

KONZERTHAUS BERLIN

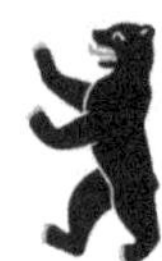

MUSEUM ISLAND

Situated in the heart of Berlin in the River Spree, Museum Island with its unparalleled ensemble of museums showcases magnificent collections of art and cultural artifacts. Home to the legendary bust of Nefertiti, the Pergamon Altar, and the stunning Ishtar Gate, the Museum Island complex was designated a UNESCO World Heritage Site in 1999.

Following the reunification of Germany, the collections of former East and West Berlin were merged.

Museum Island is home to the Pergamon Museum, Bode Museum, New Museum, Old National Gallery, Old Museum, and the James Simon Gallery.

MUSEUMSINSEL

Die im Herzen Berlins an der Spree gelegene Museumsinsel mit ihrem herausragenden Museumsensemble zeigt großartige Kunst- und Kultursammlungen. Die Museumsinsel mit der legendären Büste der Nofretete, dem Pergamonaltar und dem beeindruckenden Ischtar-Tor wurde 1999 zum UNESCO-Weltkulturerbe erklärt.

Nach der Wiedervereinigung Deutschlands wurden die Sammlungen des ehemaligen Ost- und West-Berlins zusammengelegt.

Die Museumsinsel beherbergt das Pergamonmuseum, das Bode-Museum, die Alte Nationalgalerie, das Alte Museum, das Neue Museum und die James-Simon-Gallerie.

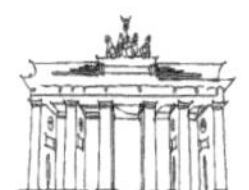

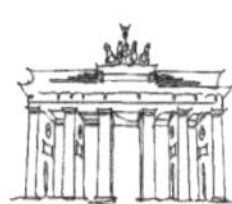

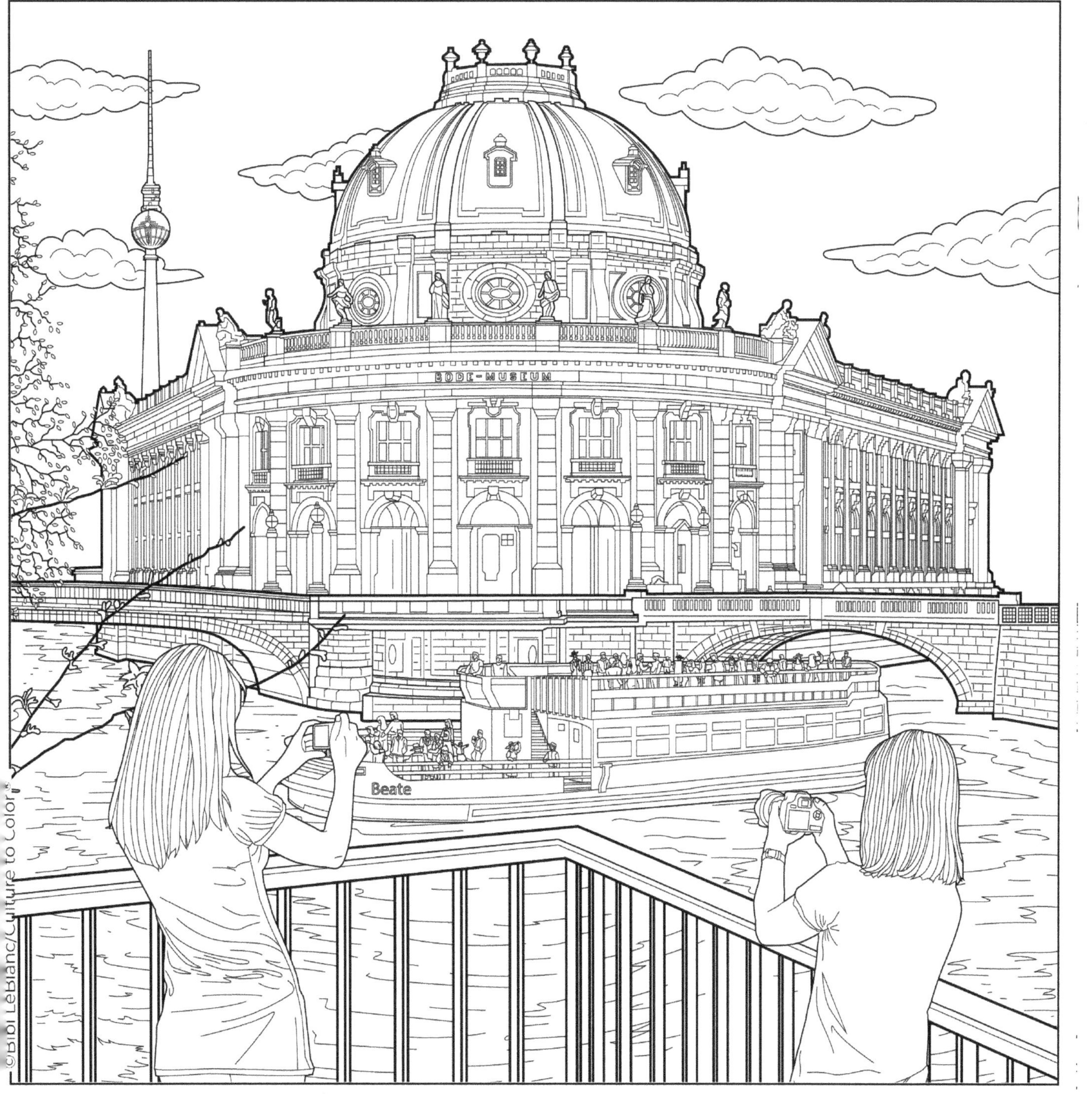

BODE-MUSEUM
Beate
©Blol LeBlanc/Culture to Color

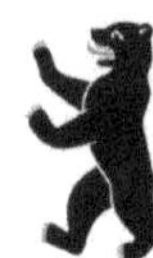

PALACE OF TEARS

Tears and longing, anger and despair, hope and fear—at hardly any other location was the emotional experience of crossing the border as intense as at the Palace of Tears (Tränenpalast), a former border crossing point between East and West Berlin at Friedrichstraße station.

Here, people experienced firsthand the powerful impact of the division of Germany. There was an atmosphere of harassment and intimidation, waiting times of several hours, harsh voices, and severe stares of the border guards, and the fear of permission to leave being denied arbitrarily.

Today, the Palace of Tears is a Cold War Museum.

TRÄNENPALAST

Tränen und Sehnsucht, Wut und Verzweiflung, Hoffnung und Angst – an kaum einem anderen Ort war das emotionale Erlebnis, die Grenze zu überqueren, so intensiv wie am Tränenpalast, einem ehemaligen Grenzübergang zwischen Ost- und West-Berlin am Bahnhof Friedrichstraße.

Hier haben die Menschen die Auswirkungen der Teilung Deutschlands hautnah erlebt. Es herrschte eine Atmosphäre der Belästigung und Einschüchterung: Wartezeiten von mehreren Stunden, harsche Stimmen und strenge Blicke der Kontrolleure, und die Angst, dass die Ausreiseerlaubnis willkürlich verweigert wird.

Heute ist der Tränenpalast ein Museum über den Kalten Krieg.

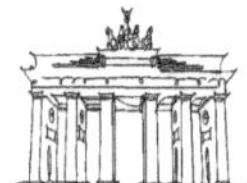

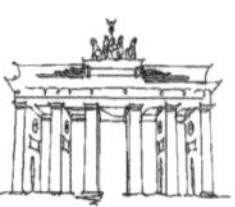

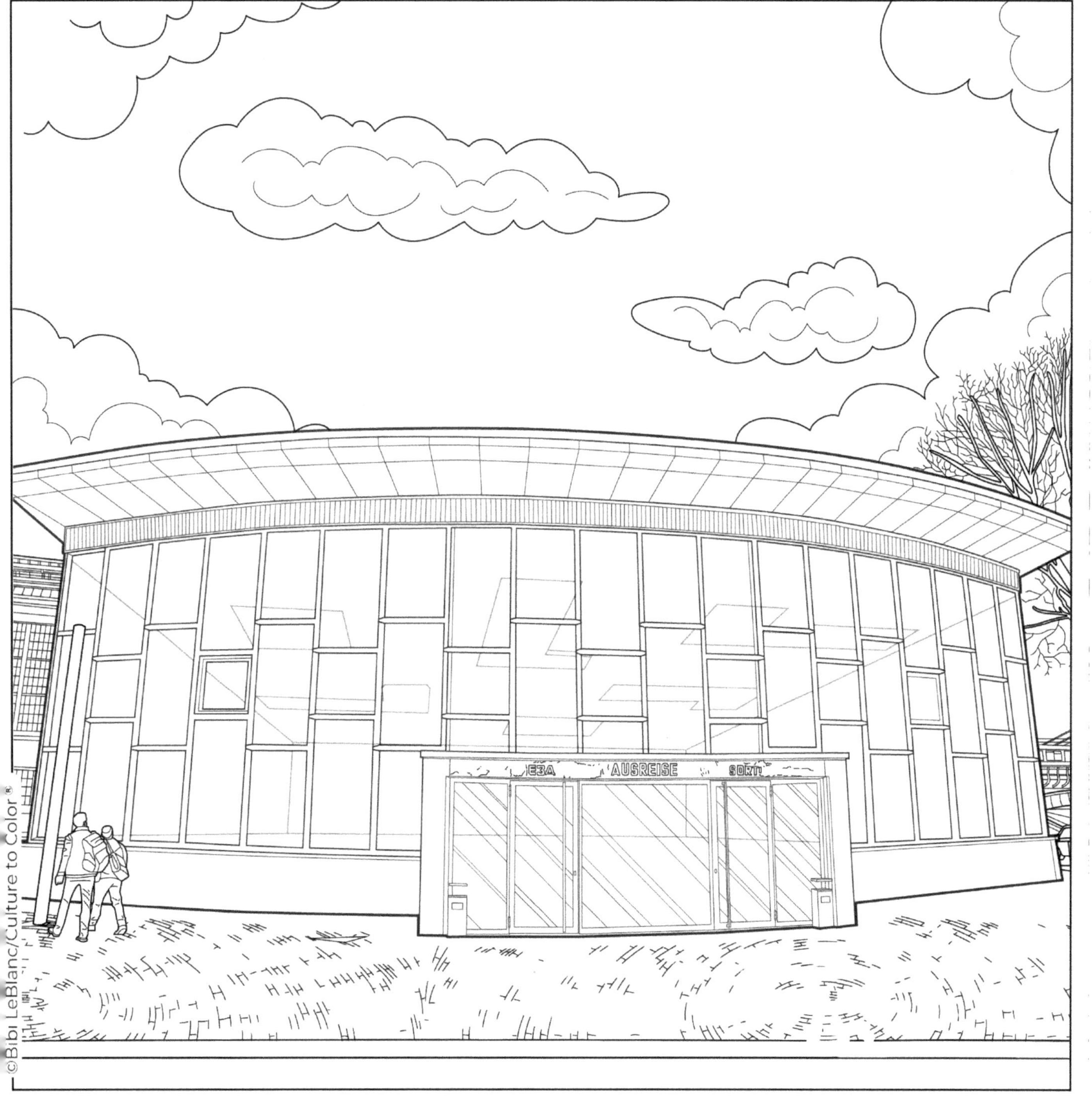

E3A
AUSREISE
SORTI

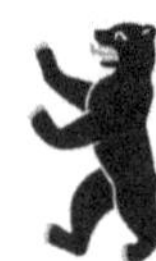

CHECKPOINT CHARLIE & WALL MUSEUM - HAUS AM CHECKPOINT CHARLIE

Checkpoint Charlie was the best-known crossing point between East and West Berlin for members of the armed forces during the Cold War. It serves as the setting for many spy novels and movies.

Visit the nearby Wall Museum - Haus am Checkpoint Charlie to relive those days and learn about successful escapes and the courage of people whose desire for freedom was greater than their fear.

Checkpoint Charlie remains a symbol of global division and unity.

CHECKPOINT CHARLIE & MAUERMUSEUM - HAUS AM CHECKPOINT CHARLIE

Der Checkpoint Charlie war der bekannteste Grenzübergang zwischen Ost- und West-Berlin für Angehörige der Streitkräfte während des Kalten Krieges. Er ist der Schauplatz vieler Spionageromane und Filme.

Besuchen Sie das nahe gelegene Mauer Museum - Haus am Checkpoint Charlie, um diese Tage noch einmal zu erleben und mehr über erfolgreiche Fluchten und den Mut von Menschen zu erfahren, deren Wunsch nach Freiheit größer war als ihre Angst.

Der Checkpoint Charlie bleibt ein Symbol für globale Spaltung und Einheit.

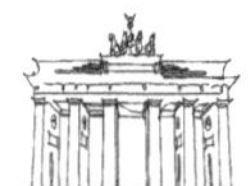

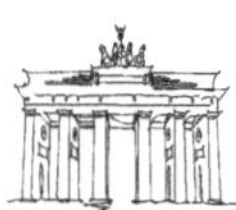

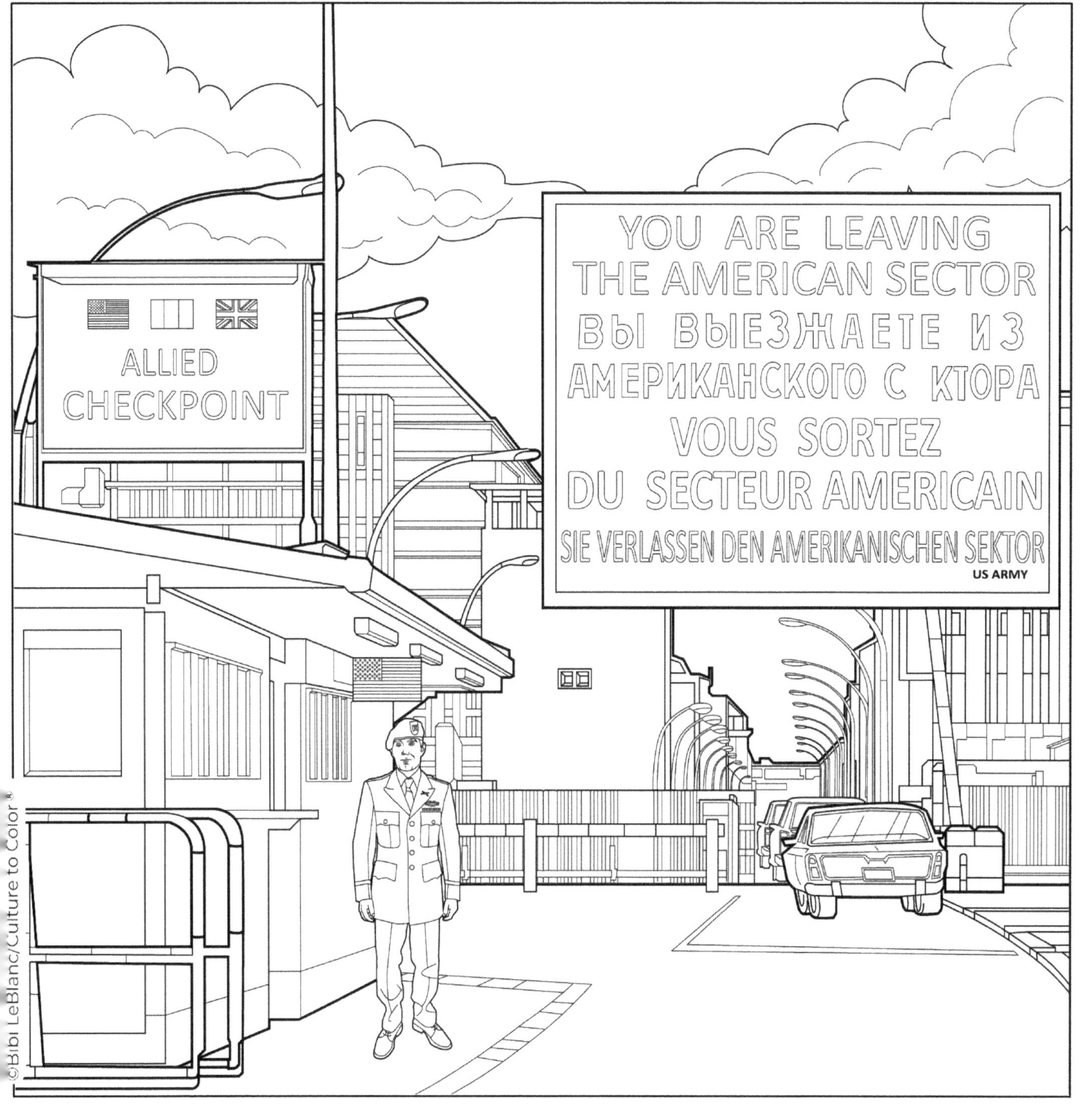

ALLIED CHECKPOINT
YOU ARE LEAVING
THE AMERICAN SECTOR
ВЫ ВЫЕЗЖАЕТЕ ИЗ
АМЕРИКАНСКОГО С КТОРА
VOUS SORTEZ
DU SECTEUR AMERICAIN
SIE VERLASSEN DEN AMERIKANISCHEN SEKTOR
US ARMY

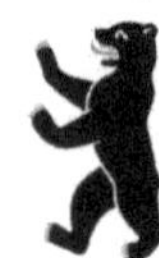

ESCAPES

During the Cold War, many East Germans risked their lives by attempting daring escapes across the heavily fortified border to West Germany.

One of the most famous escapes was the balloon flight of two families in 1979. With a homemade hot air balloon made from bed sheets and tarps, they successfully crossed the border in 28 minutes, despite a previously failed attempt.

Other escape methods included digging tunnels beneath the Berlin Wall, being smuggled out hidden in secret compartments of cars, swimming across the Baltic Sea, or floating across the water on air mattresses.

Each escape highlighted the lengths to which individuals would go to gain freedom despite the risks involved.

FLUCHTEN

Während des Kalten Krieges riskierten viele Ostdeutsche ihr Leben, indem sie waghalsige Fluchtversuche über die stark befestigte Grenze nach Westdeutschland unternahmen.

Eine der berühmtesten Fluchten war die Ballonfahrt von zwei Familien im Jahr 1979. Mit einem selbstgebauten Heißluftballon aus Bettlaken und Planen überquerten sie innerhalb von 28 Minuten erfolgreich die Grenze, obwohl ein vorheriger Versuch gescheitert war.

Andere Fluchtmethoden waren das Graben von Tunneln unter der Berliner Mauer, in geheimen Verstecken in Autos herausgeschmuggelt zu werden, die Ostsee zu durchschwimmen oder das Überqueren des Wassers auf Luftmatratzen.

Jede Flucht verdeutlichte, welche Anstrengungen Einzelne unternahmen, um Freiheit zu erlangen, *trotz* der damit verbundenen Risiken.

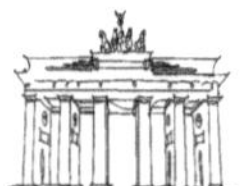
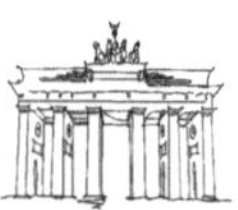

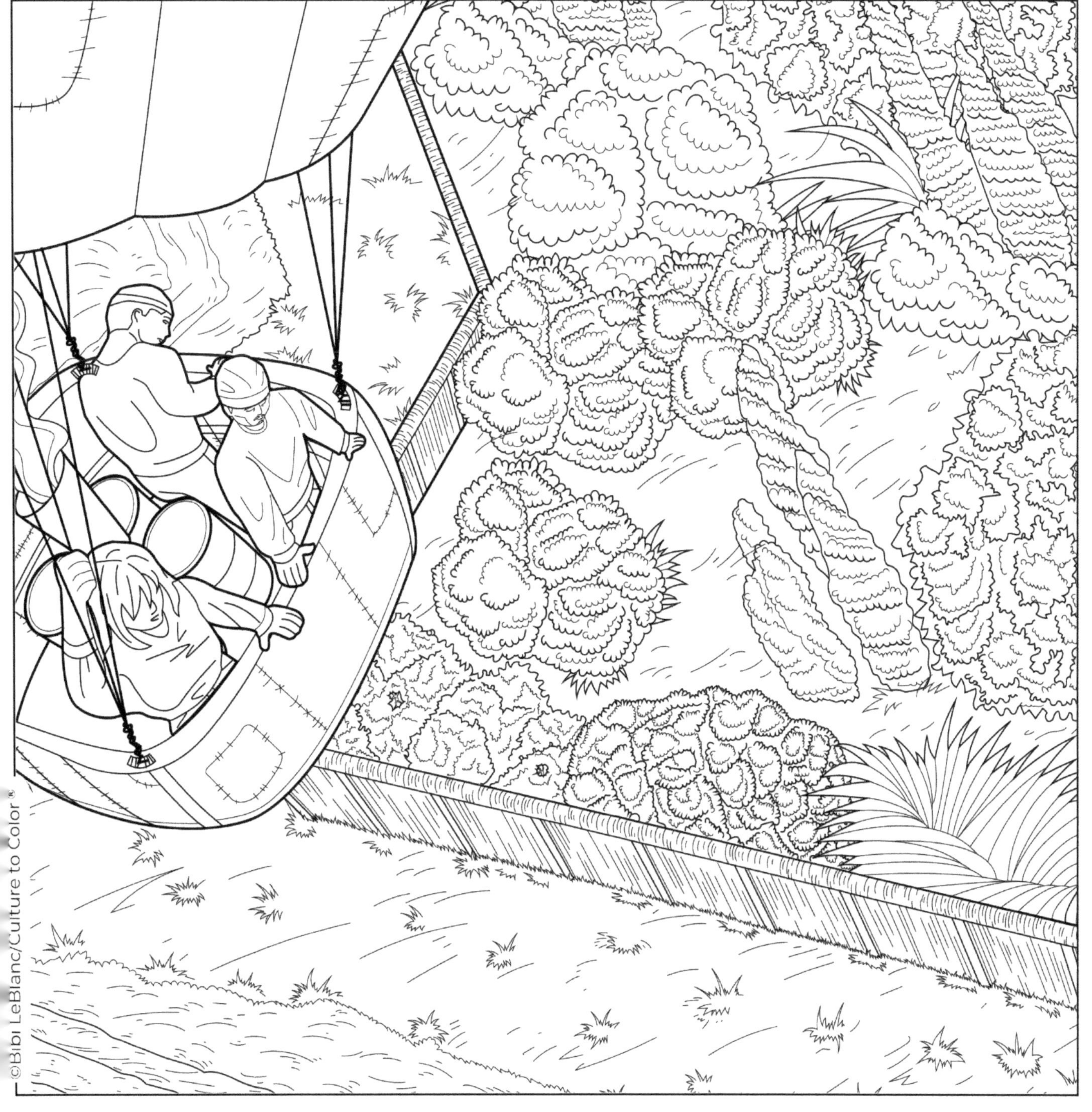

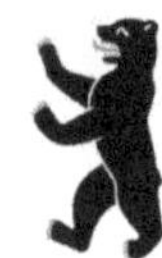

ALEXANDERPLATZ, URANIA WORLD CLOCK & TV TOWER

Alexanderplatz, or "Alex," is one of Berlin's liveliest destinations. The World Clock, a popular meeting spot, shows the time in 148 cities.

The TV Tower, the tallest structure in Germany (1,200 feet), was completed in 1969. It was both a symbol of the city *and* of socialist power. A revolving sphere restaurant at 679 feet and a panoramic viewing platform at 665 feet offer spectacular views of the bustling city.

In 1989, the peaceful demonstrations against the East German government culminated here at Alexanderplatz.

ALEXANDERPLATZ, URANIA WELTZEITUHR & FERNSEHTURM

Der Alexanderplatz, von den Einheimischen Alex genannt, ist einer der belebtesten Orte Berlins. Die Urania-Weltzeituhr zeigt die Uhrzeit von 148 Städten der Welt und ist ein beliebter Treffpunkt.

Der Fernsehturm, das höchste Bauwerk Deutschlands (365 Meter), wurde 1969 fertiggestellt. Er war sowohl ein Symbol der Stadt als auch der sozialistischen Macht. Das Drehrestaurant auf 207 m Höhe und die Aussichtsplattform auf 203 m bieten einen spektakulären Blick auf Berlin.

1989 konzentrierten sich die friedlichen Demonstrationen gegen die DDR-Regierung hier am „Alex".

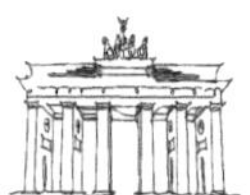

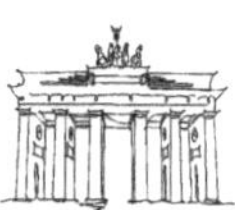

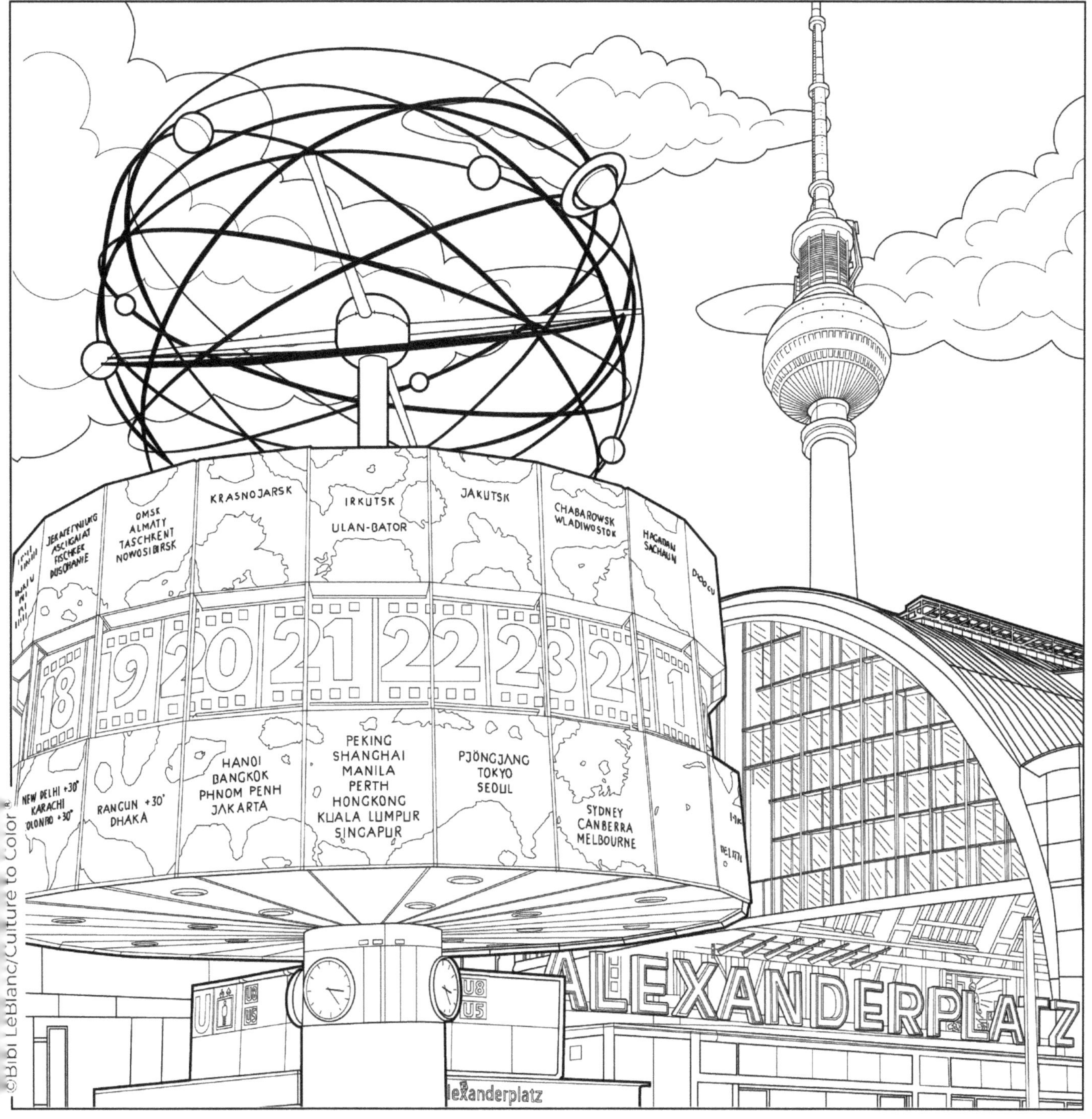

KRASNOJARSK
IRKUTSK
JAKUTSK
CHABAROWSK
JEKATERINBURG
ASCHGABAT
FISCHER
DUSCHANBE
OMSK
ALMATY
TASCHKENT
NOWOSIBIRSK
ULAN-BATOR
WLADIWOSTOK
MAGADAN
SACHALIN
18 19 20 21 22 23 1
PEKING
SHANGHAI
MANILA
PERTH
HONGKONG
KUALA LUMPUR
SINGAPUR
HANOI
BANGKOK
PHNOM PENH
JAKARTA
PJÖNGJANG
TOKYO
SEOUL
NEW DELHI +30'
KARACHI
COLOMBO +30'
RANGUN +30'
DHAKA
SYDNEY
CANBERRA
MELBOURNE
U8
U5
ALEXANDERPLATZ
lexanderplatz

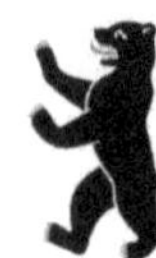

BRIDGE OF SPIES - GLIENICKE BRIDGE

Glienicke Bridge spans the River Havel, connecting Berlin with Potsdam.

During the Cold War, the bridge was closed to civilians. Of all the checkpoints, the Glienicke Bridge was the only checkpoint under Soviet control. It is known as the "Bridge of Spies" because it served as the site where captured Warsaw Pact agents would be exchanged for Western spies.

In Steven Spielberg's film *Bridge of Spies*, the story of the 1962 exchange of agent Francis Gary Powers (USA) for Rudolf Abel (USSR) was filmed here at the original location.

GLIENICKER BRÜCKE

Die Glienicker Brücke führt über die Havel und verbindet Berlin mit Potsdam.

Während des Kalten Krieges war die Brücke für Zivilisten gesperrt. Von allen Kontrollpunkten war die Glienicker Brücke der einzige Kontrollpunkt, der unter sowjetischer Kontrolle stand. Sie ist auch als „Agentenbrücke" bekannt, da hier mehrfach gefangene Agenten des Warschauer Paktes gegen enttarnte westliche Spione ausgetauscht wurden.

In Steven Spielbergs Film *Bridge of Spies* wurde die Geschichte des Agentenaustauschs im Jahr 1962 von Francis Gary Powers (USA) gegen Rudolf Abel (UdSSR) hier am Originalschauplatz gedreht.

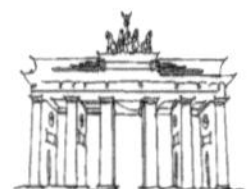

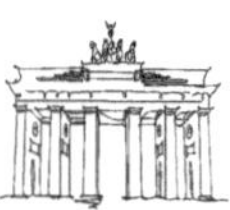

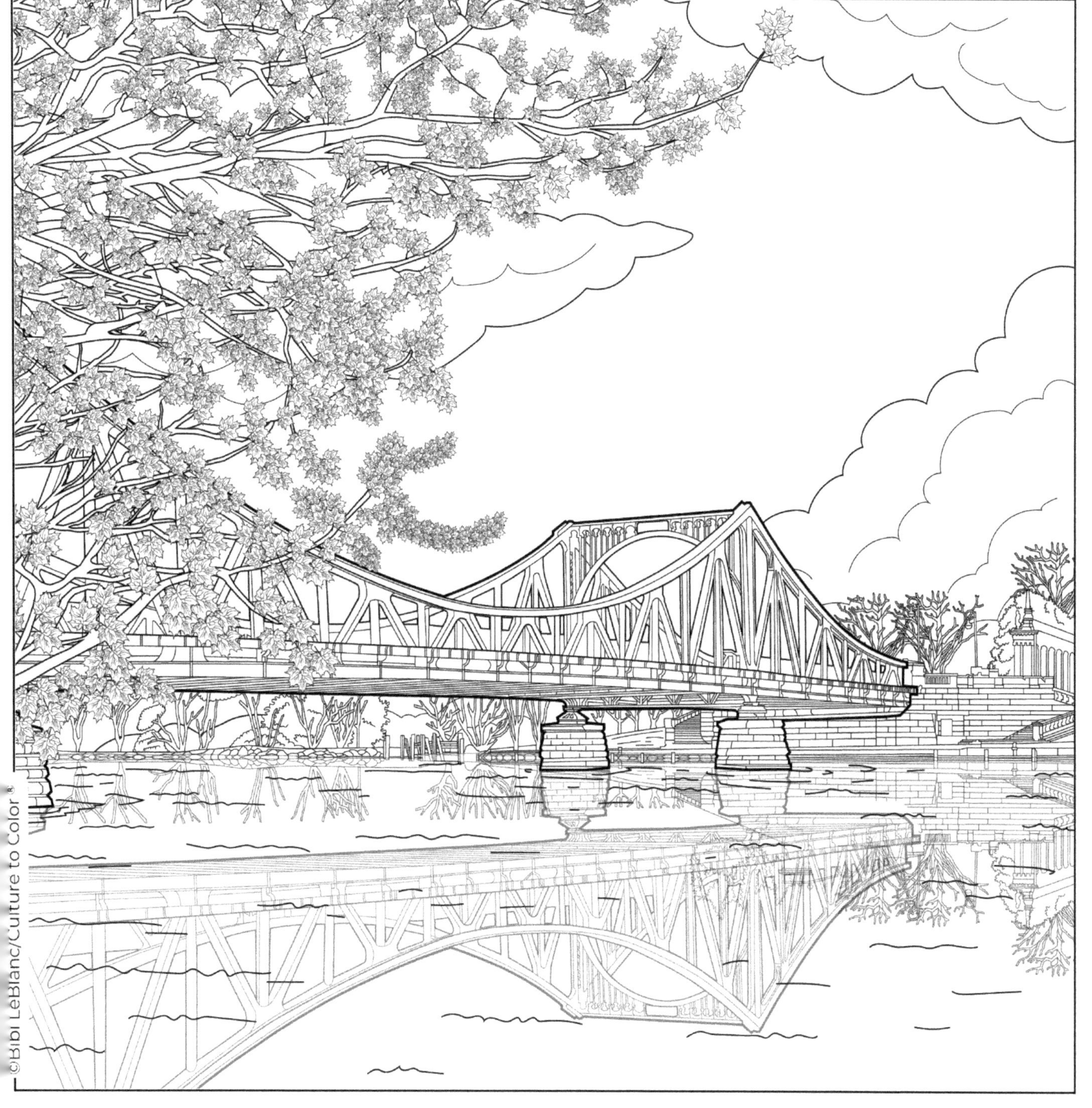

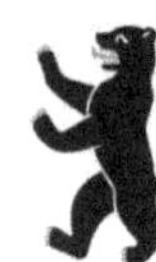

BERLIN FIELD STATION – TEUFELSBERG

Teufelsberg, a hill of rubble from World War II, became the Berlin Field Station, a Western Allied forces listening station. During the Cold War, antennas and radomes were erected for espionage purposes, intercepting communications and jamming radio signals from the Eastern Bloc.

Today, the ruins of the former field station are covered with graffiti and are known as the most extensive and highest street art gallery.

Here, you can still feel the spirit of the Cold War that once permeated the city!

TEUFELSBERG

Der Teufelsberg, ein Trümmerberg aus dem Zweiten Weltkrieg, wurde zur Berlin Field Station, einer Abhörstation der West-Alliierten Streitkräfte. Während des Kalten Krieges wurden Antennen und Radome für Spionagezwecke errichtet, um die Kommunikation abzufangen und Funksignale aus dem Ostblock zu stören.

Heute sind die Ruinen der ehemaligen Radarstation mit Graffiti bemalt und als größte und höchstgelegene Street Art Galerie bekannt.

Sie können hier immer noch den Geist des Kalten Krieges spüren, der einst die Stadt durchdrang.

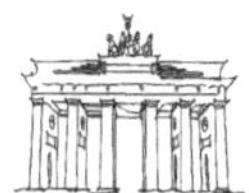

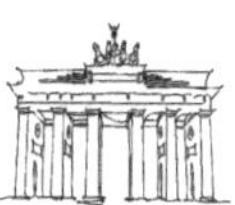

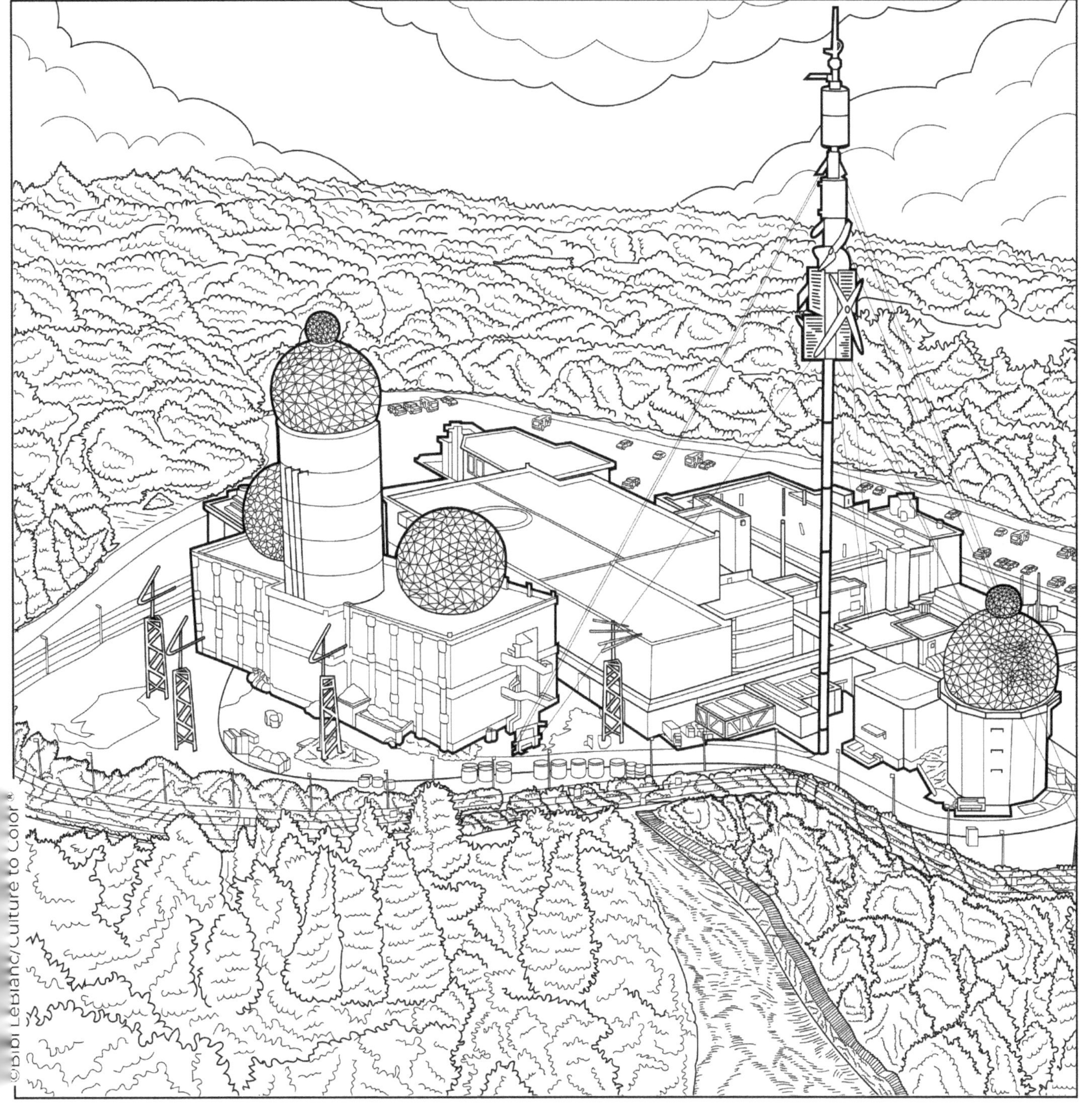

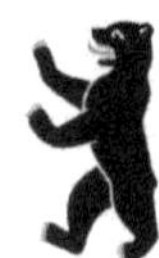

GERMAN SPY MUSEUM

Welcome to the capital of spies!

Near Potsdamer Platz, where the Berlin Wall divided the city until 1989, the German Spy Museum, provides a unique insight into the shadowy realm of espionage.

The German Spy Museum in Berlin is the only one of its kind in Germany. It invites visitors on a gripping journey through the history of espionage - from old techniques to modern surveillance methods. Interactive installations allow guests to decipher secret codes, navigate a laser parkour, have their "secure" password cracked, or hack their favorite website.

The museum also highlights significant espionage events, particularly from the Cold War, and is a fascinating destination for anyone interested in the secretive world of spies.

DEUTSCHES SPIONAGEMUSEUM

Willkommen in der Hauptstadt der Spione!

Am Potsdamer Platz, wo bis 1989 die Berliner Mauer die Stadt teilte, gibt das Deutsche Spionagemuseum einen einzigartigen Einblick in das Schattenreich der Spionage.

Das Deutsche Spionagemuseum in Berlin ist das einzige seiner Art in Deutschland und lädt Besucher zu einer packenden Zeitreise durch die Geschichte der Spionage ein – von alten Techniken bis hin zu modernen Überwachungsmethoden. Interaktive Installationen ermöglichen es den Gästen, Geheimcodes zu dechiffrieren, einen Laserparkour zu navigieren, ihr „sicheres" Paßwort knacken zu lassen oder ihre Lieblings-Webseite zu hacken.

Das Museum beleuchtet auch bedeutende Spionageereignisse, insbesondere aus dem Kalten Krieg, und ist ein faszinierendes Ziel für alle, die an der geheimnisvollen Welt der Spione interessiert sind.

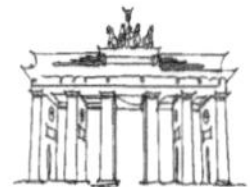

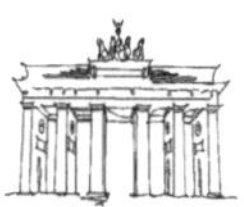

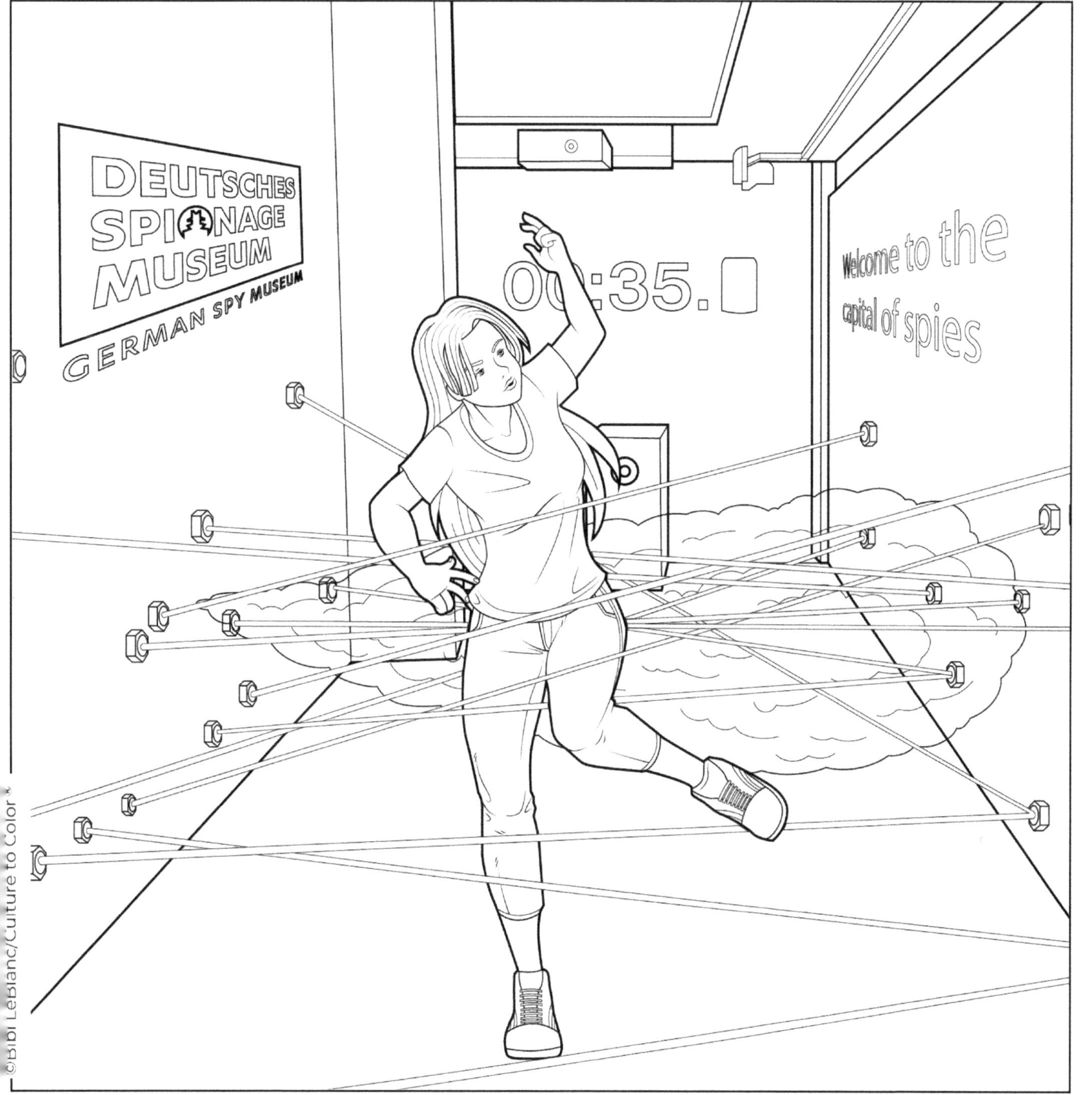

DEUTSCHES SPIONAGE MUSEUM
GERMAN SPY MUSEUM
00:35.
Welcome to the capital of spies
©Bibi LeBlanc/Culture to Color®

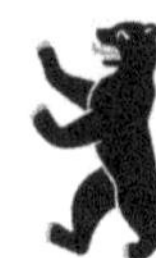

MIKHAIL GORBACHEV

Mikhail Gorbachev (1931 - 2022), a Soviet politician, initiated a series of events that transformed the political fabric of Europe and marked the beginning of the end of the Cold War.

As general secretary of the Central Committee of the Communist Party of the Soviet Union (1985 – 1991), he set new directions for Soviet politics with Glasnost and Perestroika.

Glasnost was a policy of increased openness and transparency introduced by Mikhail Gorbachev in the Soviet Union during the 1980s, allowing for greater freedom of information, public discussion of social and political issues, and reduced censorship.

Perestroika was a policy introduced by Mikhail Gorbachev which aimed at restructuring the Soviet Union's economic and political systems to improve efficiency and incorporate elements of a market economy.

In disarmament negotiations with the United States, he initiated the end of the Cold War. In 1990, he received the Nobel Peace Prize.

MICHAIL GORBATSCHOW

Michail Gorbatschow (1931 - 2022), ein sowjetischer Politiker, leitete eine Reihe von Ereignissen ein, die das politische Gefüge Europas veränderten und den Beginn des Endes des Kalten Krieges markierten: Als Generalsekretär des Zentralkomitees der Kommunistischen Partei der Sowjetunion (1985 – 1991) setzte er mit *Glasnost* und *Perestroika* neue Akzente in der Sowjetpolitik.

Glasnost war eine Politik der verstärkten Offenheit und Transparenz, die von Michail Gorbatschow in den 1980er Jahren in der Sowjetunion eingeführt wurde. Sie ermöglichte größere Informationsfreiheit, öffentliche Diskussionen über soziale und politische Themen und reduzierte Zensur.

Perestroika war eine von Michail Gorbatschow in den 1980er Jahren eingeführte Politik, die darauf abzielte, das Wirtschafts- und politische System der Sowjetunion zu restrukturieren, um die Effizienz zu verbessern und Elemente einer Marktwirtschaft zu integrieren.

In Abrüstungsverhandlungen mit den USA leitete er das Ende des Kalten Krieges ein. 1990 erhielt er den Friedensnobelpreis.

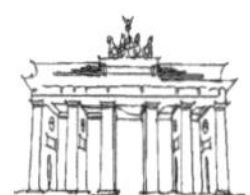

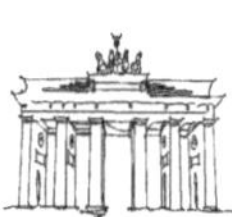

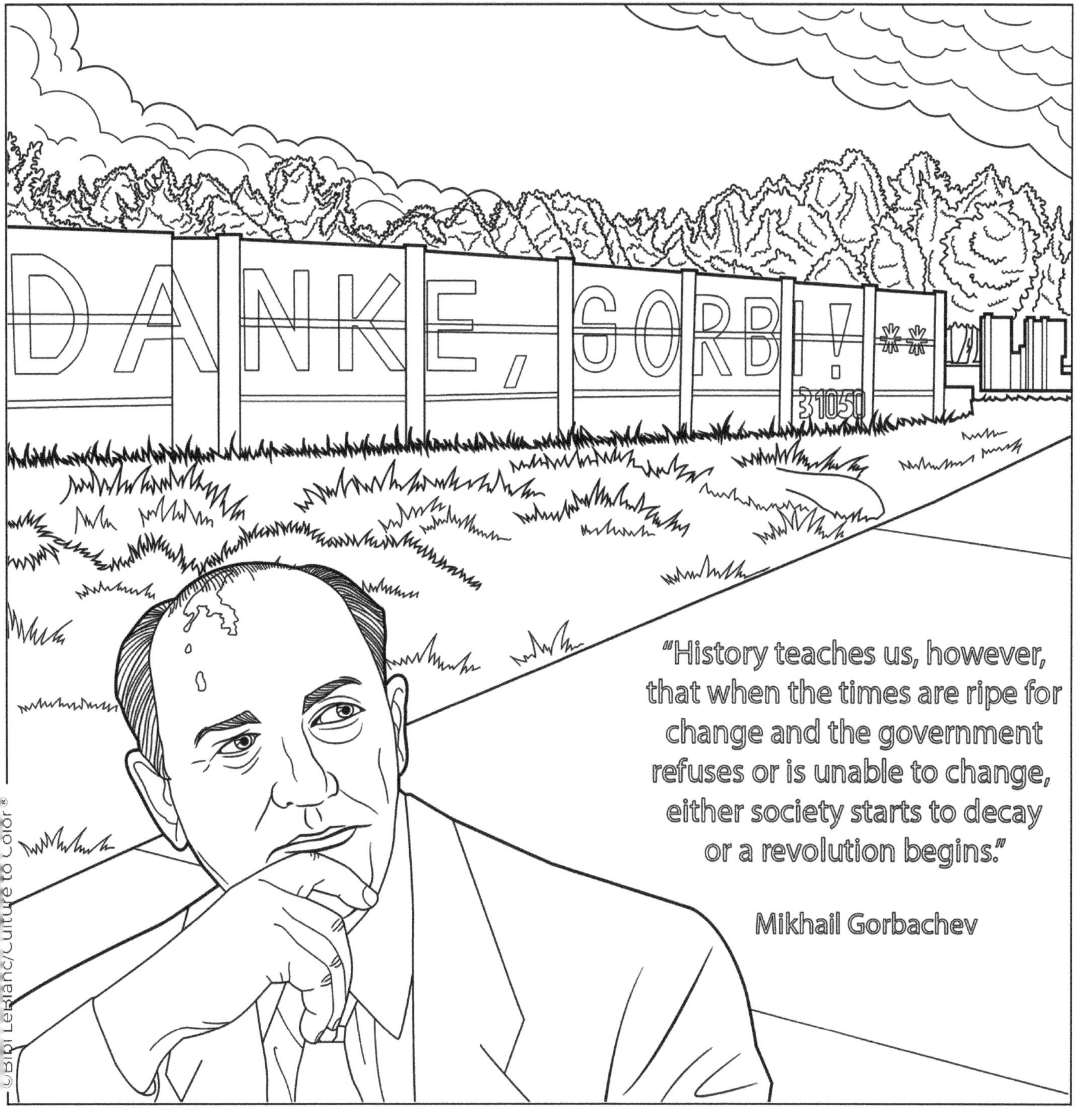

DANKE, GORBI!
"History teaches us, however, that when the times are ripe for change and the government refuses or is unable to change, either society starts to decay or a revolution begins."
Mikhail Gorbachev

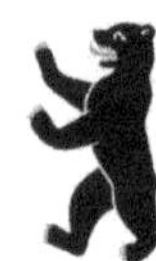

HELMUT KOHL

Helmut Kohl was a pivotal figure in the reunification of Germany and the end of the Cold War. As Chancellor of West Germany from 1982 to 1990 and then of a unified Germany until 1998, Kohl played a crucial role in the events leading to the fall of the Berlin Wall.

He was instrumental in negotiating with Soviet leader Mikhail Gorbachev, whose policies of *Perestroika* and *Glasnost* made reunification possible. Kohl's diplomatic efforts, including his 10-point plan for German unity, were vital in gaining international support for reunification.

His leadership helped transform the political landscape of Europe, ultimately contributing to the decline of the Soviet Union's influence in Eastern Europe.

HELMUT KOHL

Helmut Kohl war eine zentrale Figur bei der Wiedervereinigung Deutschlands und dem Ende des Kalten Krieges. Als Bundeskanzler der Bundesrepublik Deutschland von 1982 bis 1990 und dann des vereinigten Deutschlands bis 1998 spielte Kohl eine entscheidende Rolle bei den Ereignissen, die zum Fall der Berliner Mauer führten.

Er war maßgeblich an den Verhandlungen mit dem sowjetischen Führer Michail Gorbatschow beteiligt, dessen Politik von *Perestroika* und *Glasnost* die Wiedervereinigung möglich machte. Kohls diplomatische Bemühungen, einschließlich seines 10-Punkte-Programmes zur deutschen Einheit, waren entscheidend, um internationale Unterstützung für die Wiedervereinigung zu gewinnen.

Seine Führung half, die politische Landschaft Europas zu verändern und trug letztlich zum Zusammenbruch des sowjetischen Einflusses in Osteuropa bei.

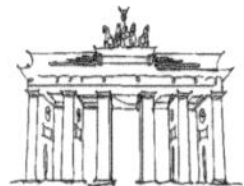

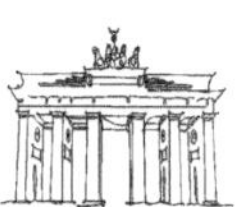

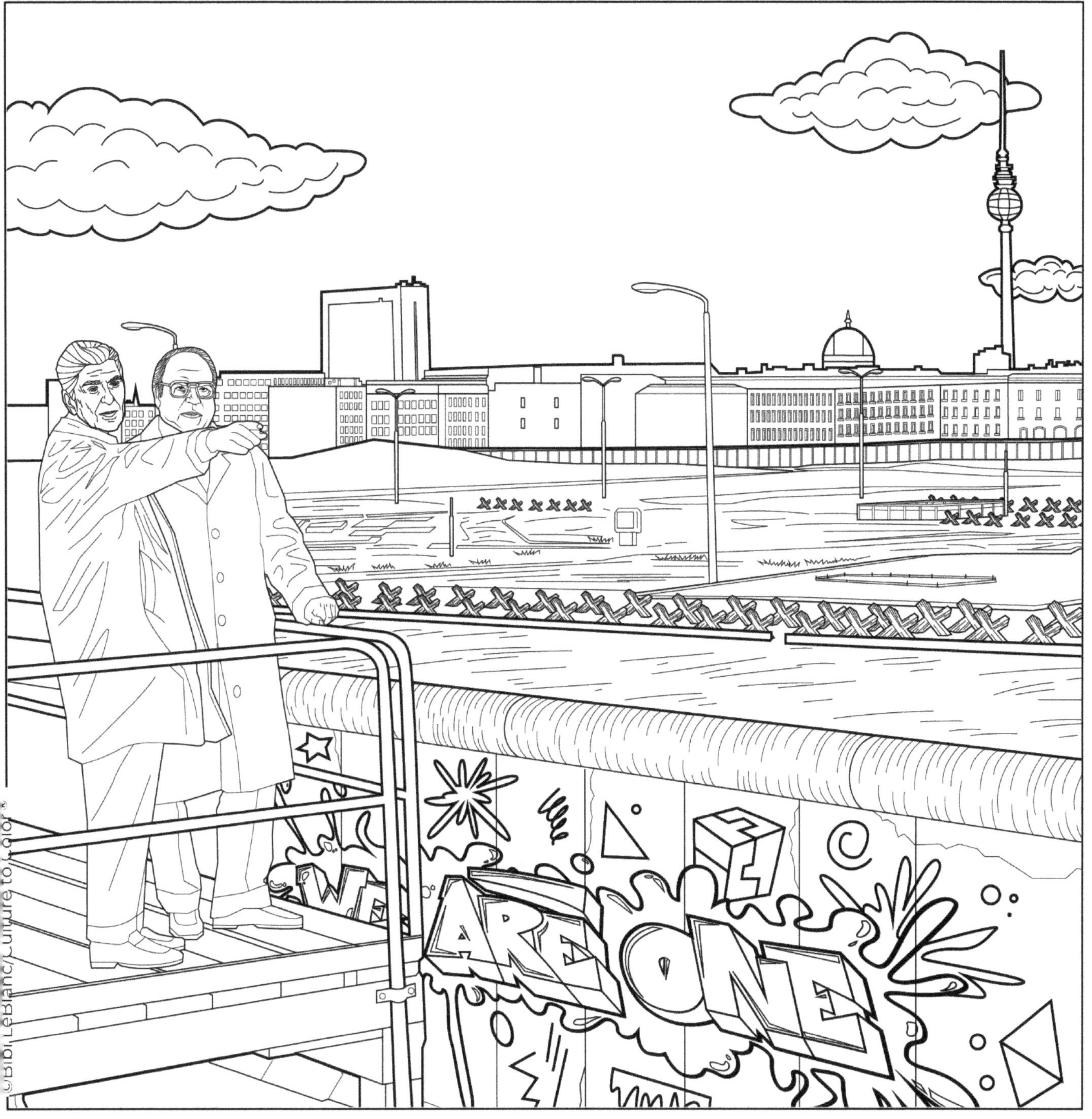

WE
ARE ONE

RONALD REAGAN

Ronald Reagan played a significant role in West Berlin during the Cold War, culminating in his famous speech at the Brandenburg Gate on June 12, 1987.

As a staunch anti-communist, Reagan consistently criticized Soviet policies and advocated for freedom in Eastern Europe. His speech, delivered to commemorate Berlin's 750th anniversary, included the iconic challenge to Soviet leader Mikhail Gorbachev:

"Behind me stands a wall that encircles the free sectors of this city, part of a vast system of barriers that divides the entire continent of Europe. Standing before the Brandenburg Gate, every man is a German separated from his fellow men. . . . As long as this gate is closed, . . . it is the question of freedom for all mankind. General Secretary Gorbachev, if you seek peace, if you seek prosperity for the Soviet Union and Eastern Europe, if you seek liberalization: Come here to this gate. Mr. Gorbachev, open this gate. Mr. Gorbachev - - Mr. Gorbachev, tear down this Wall!"

This powerful statement, which almost didn't make it into the final speech because of objections from his advisors, became a defining moment of Reagan's presidency. Reagan's words and actions in West Berlin represented American support for freedom and democracy in the face of Soviet oppression.

RONALD REAGAN

Ronald Reagan spielte während des Kalten Krieges eine bedeutende Rolle für West-Berlin, die in seiner berühmten Rede am Brandenburger Tor am 12. Juni 1987 gipfelte.

Als überzeugter Antikommunist kritisierte Reagan stets die sowjetische Politik und setzte sich für die Freiheit in Osteuropa ein. Seine Rede, die anläßlich des 750-jährigen Jubiläums Berlins gehalten wurde, beinhaltete die ikonische Herausforderung an den sowjetischen Führer Michail Gorbatschow:

„Hinter mir befindet sich eine Mauer, die die freien Bereiche dieser Stadt umgibt und Teil eines riesigen Barrierensystems ist, das den gesamten europäischen Kontinent teilt. Jeder vor dem Brandenburger Tor stehende Mensch ist ein von seinen Mitmenschen getrennter Deutscher. ... Solange dieses Tor geschlossen ist, ... bleibt nicht nur die deutsche Frage offen, sondern die Frage der Freiheit für die ganze Menschheit. Generalsekretär Gorbatschow, wenn Sie Frieden suchen, wenn Sie Wohlstand für die Sowjetunion und Osteuropa suchen, wenn Sie Liberalisierung anstreben, kommen Sie hierher zu diesem Tor. Herr Gorbatschow, öffnen Sie dieses Tor! Herr Gorbatschow, reißen Sie diese Mauer nieder!"

Dieser bedeutende Aufruf, der aufgrund von Einwänden seiner Berater fast nicht in die endgültige Rede aufgenommen worden wäre, wurde zu einem prägenden Moment von Reagans Präsidentschaft. Reagans Worte und Handlungen in West-Berlin drückten die amerikanische Unterstützung für Freiheit und Demokratie im Angesicht sowjetischer Unterdrückung aus.

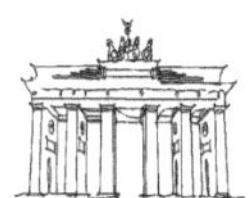

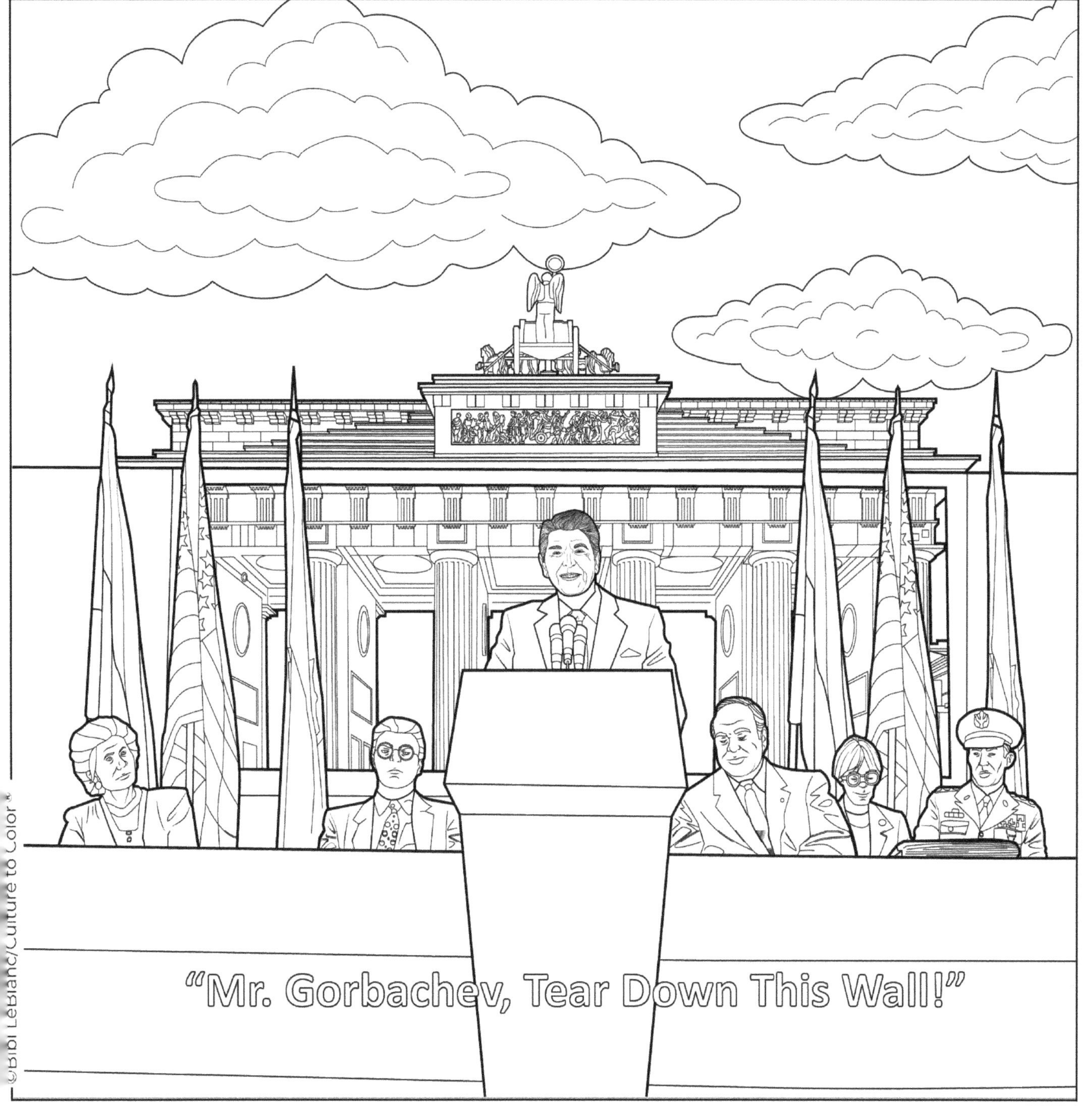

"Mr. Gorbachev, Tear Down This Wall!"
©BiBi LeBlanc/Culture to Color®

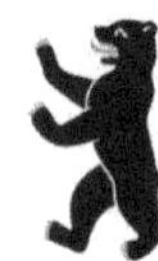

FALL OF THE BERLIN WALL

On November 9, 1989, after months of peaceful protests in East Germany, the unimaginable happened: A spokesman for East Berlin's Communist Party made a fateful mistake by announcing travel restrictions would be eased *immediately*, and East and West Berliners flocked to the Wall, chanting *"Tor auf!"* ("Open the gate!").

More than 2 million people from East Germany visited West Berlin that weekend to participate in a celebration that was, as one journalist wrote, "the greatest street party in the history of the world."

"Only today is the war really over," one Berliner spray-painted on a piece of the Wall.

MAUERFALL

Am 9. November 1989, nach Monaten friedlicher Proteste in Ostdeutschland, ereignete sich das Unvorstellbare: Ein Sprecher der Kommunistischen Partei Ost-Berlins machte einen schicksalshaften Fehler, als er das *sofortige* Aufheben der Reisebeschränkungen verkündete. Ost- und West-Berliner strömten zur Mauer und sangen „Tor auf! Tor auf!".

Mehr als 2 Millionen Menschen aus Ost-Berlin besuchten West-Berlin an diesem Wochenende, um an einer Feier teilzunehmen, die, wie ein Journalist schrieb, „die größte Straßenparty in der Geschichte der Welt" war.

„Erst heute ist der Krieg wirklich vorbei!" sprühte ein Berliner auf die Mauer.

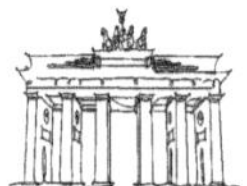

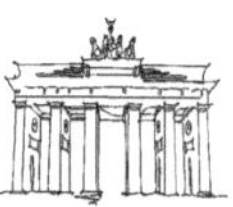

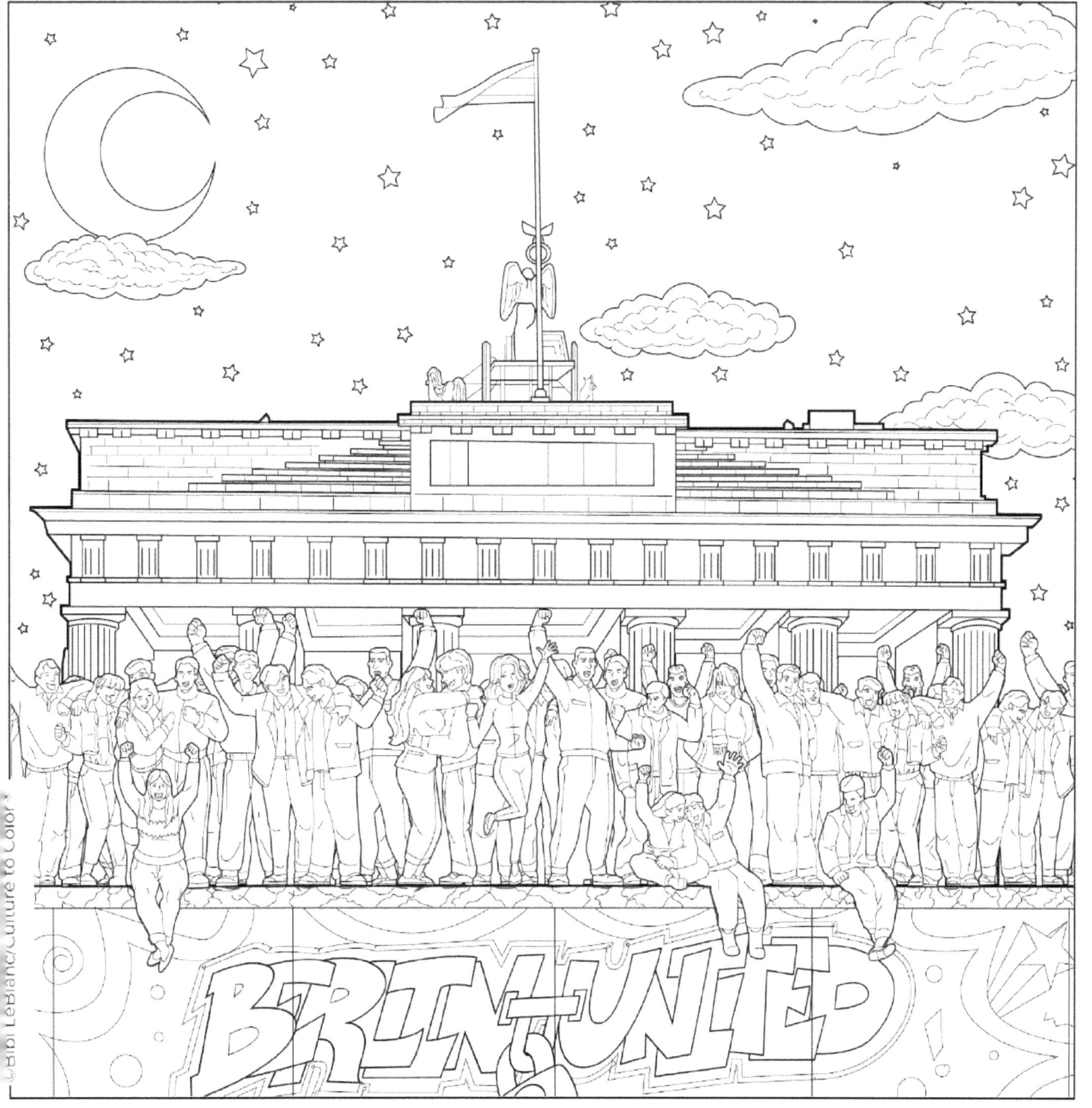

BERLIN UNITED

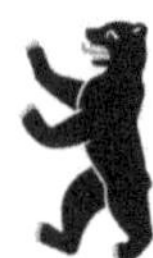

"WALL PECKERS"

Soon after the border opened in 1989, the demolition of the Berlin Wall began. Knocking and hammering, so-called "wall peckers" broke off pieces as souvenirs and removed the façade of the Berlin Wall piece by piece. Not even the loudspeaker announcements of the West Berlin police could stop them from gathering pieces of the wall as souvenirs of freedom.

In June 1990, the systematic dismantling of the border grounds began. Pieces of the wall are still sold all over the world. Some sections of the Wall were designated as historical monuments.

„MAUERSPECHTE"

Bald nach der Öffnung der Grenze begann der Abriss der Mauer. Sogenannte „Mauerspechte" entfernten Stück für Stück die Fassade der Berliner Mauer als Souvenirs. Nicht einmal die Lautsprecheransagen der West-Berliner Polizei konnten sie aufhalten, diese Souvenirs der Freiheit zu sammeln.

Im Juni 1990 begann der systematische Abbau der Grenzanlagen. Heute werden immer noch Mauerstücke auf der ganzen Welt verkauft. Einige Abschnitte der Mauer wurden unter Denkmalschutz gestellt und sind heute historische Denkmäler.

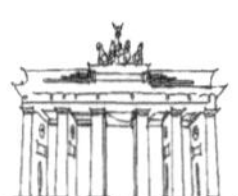

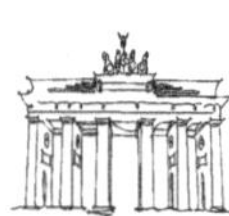

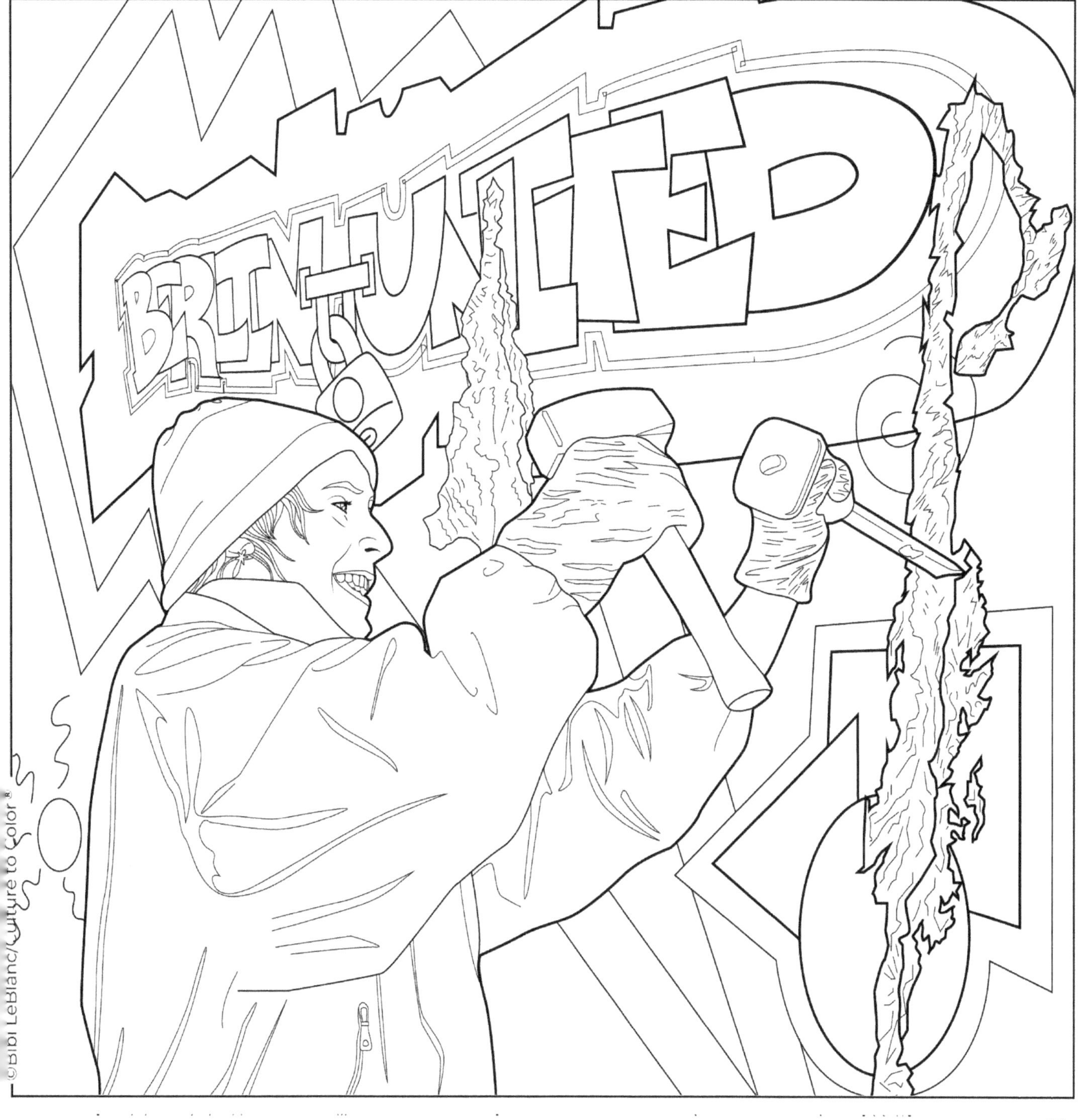

BRITT-UNITED

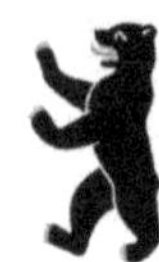

CHURCH OF THE REDEEMER

The Church of the Redeemer, or *Heilandskirche*, a small church with a campanile (separate bell tower) on a lakeside cove, resembles a ship in harbor.

During the Cold War, the border between East and West Berlin ran right through it. After the Christmas service in 1961, East German border guards vandalized it, and the area was sealed off to prevent escape attempts. Isolated in no man's land, the church was left to decay.

On Christmas Eve 1989, just after the Berlin Wall fell, the congregation celebrated a Christmas service once again in the still-ruined church. Today, after extensive restoration, church services, concerts, and weddings are held at this romantic jewel of a church.

HEILANDSKIRCHE SACROW

Die Heilandskirche, eine kleine Kirche mit Kampanile (separater Glockenturm), sieht aus wie ein Schiff im Hafen.

Während des Kalten Krieges verlief die Grenze zu West-Berlin mitten durch die Kirche. Nach einem Weihnachtsgottesdienst im Jahr 1961 verwüsteten ostdeutsche Grenzpolizisten die Kirche, und das Gelände wurde abgesperrt, um Fluchtversuche zu verhindern. Die im Niemandsland gefangene Kirche wurde dem Verfall überlassen.

Am Heiligabend 1989, kurz nach dem Fall des Eisernen Vorhangs, feierte die Gemeinde in der immer noch zerstörten Kirche erneut einen Weihnachtsgottesdienst. Nach umfangreichen Renovierungen finden heute in dieser romantischen Kirche wieder Gottesdienste, Konzerte und Hochzeiten statt.

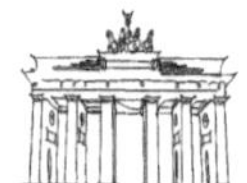

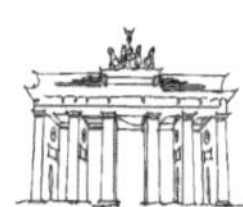

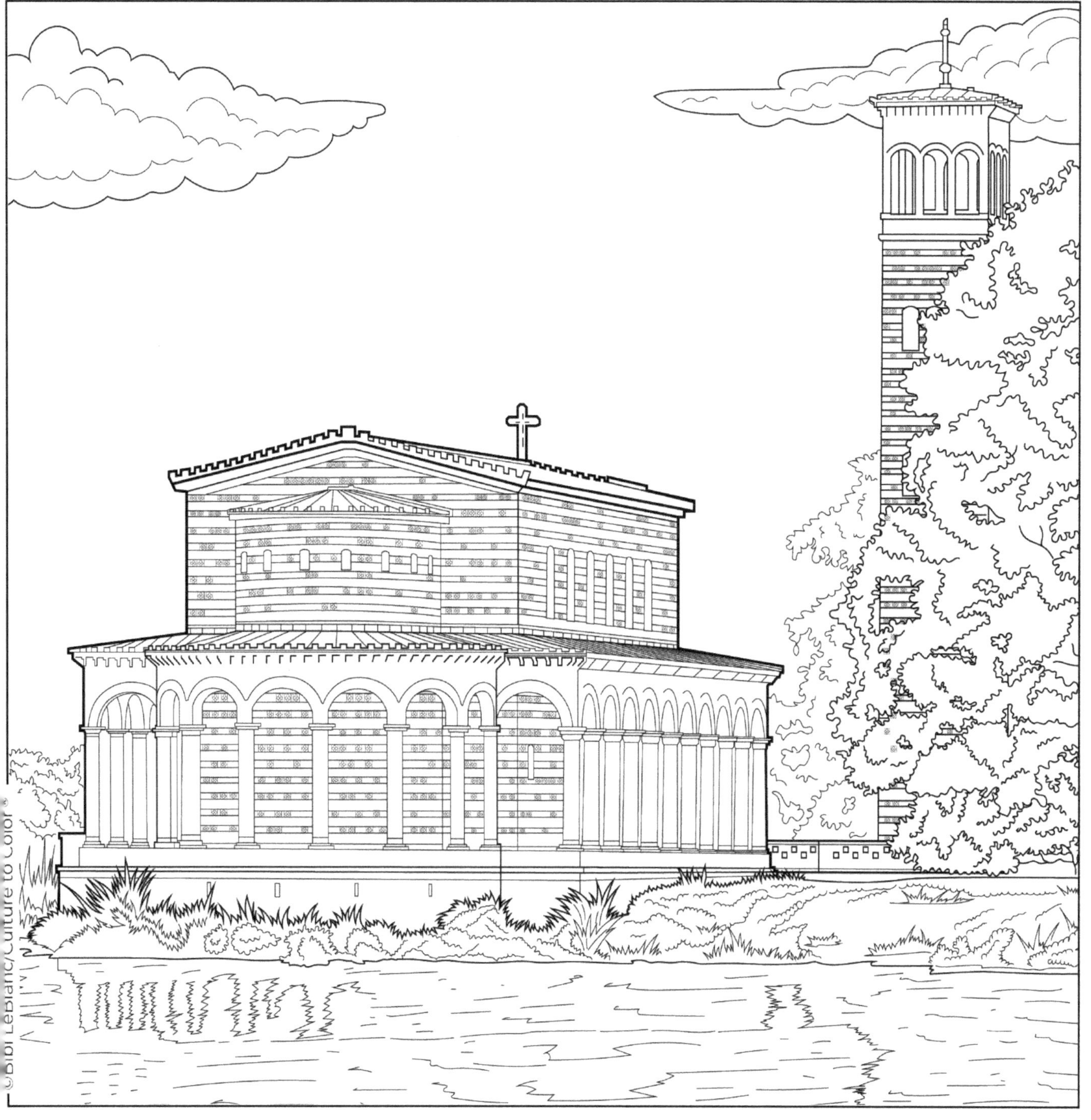

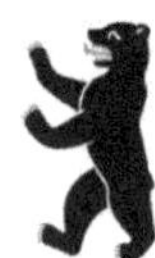

REICHSTAG

At the end of World War II, the Reichstag building stood as a partial ruin in the midst of devastation. The starving population used the open spaces surrounding the building to grow potatoes and vegetables.

During the division of Berlin, the Reichstag was situated in the British sector, in the immediate vicinity of the Berlin Wall. The shattered Reichstag became a symbol—in the words of German journalist and author Peter Reichel, a "sandstone colossus in no man's land between the hostile world systems."

In 1955, the Bundestag decided to restore the building. On October 4, 1990, the first session of the German Bundestag in reunified Germany took place in the Reichstag building.

REICHSTAG

Am Ende des Zweiten Weltkrieges stand das Reichstagsgebäude als Teilruine in einer von Trümmern geprägten Umgebung. Die freien Flächen ringsherum nutzte die hungernde Bevölkerung für den Anbau von Kartoffeln und Gemüse.

Während der Teilung Berlins lag das Reichstagsgebäude im Britischen Sektor in unmittelbarer Nähe der Berliner Mauer. Der zerschossene Reichstag wurde zu einem Symbol – in den Worten des deutschen Journalisten und Autors Peter Reichel ein „Sandsteinkoloss im Niemandsland zwischen den feindlichen Weltsystemen".

1955 beschloss der Bundestag die völlige Wiederherstellung. Am 4. Oktober 1990 fand die erste Sitzung des Deutschen Bundestages im wiedervereinten Deutschland im Reichstagsgebäude statt.

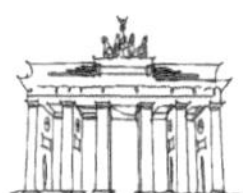

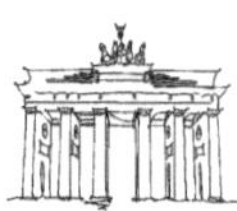

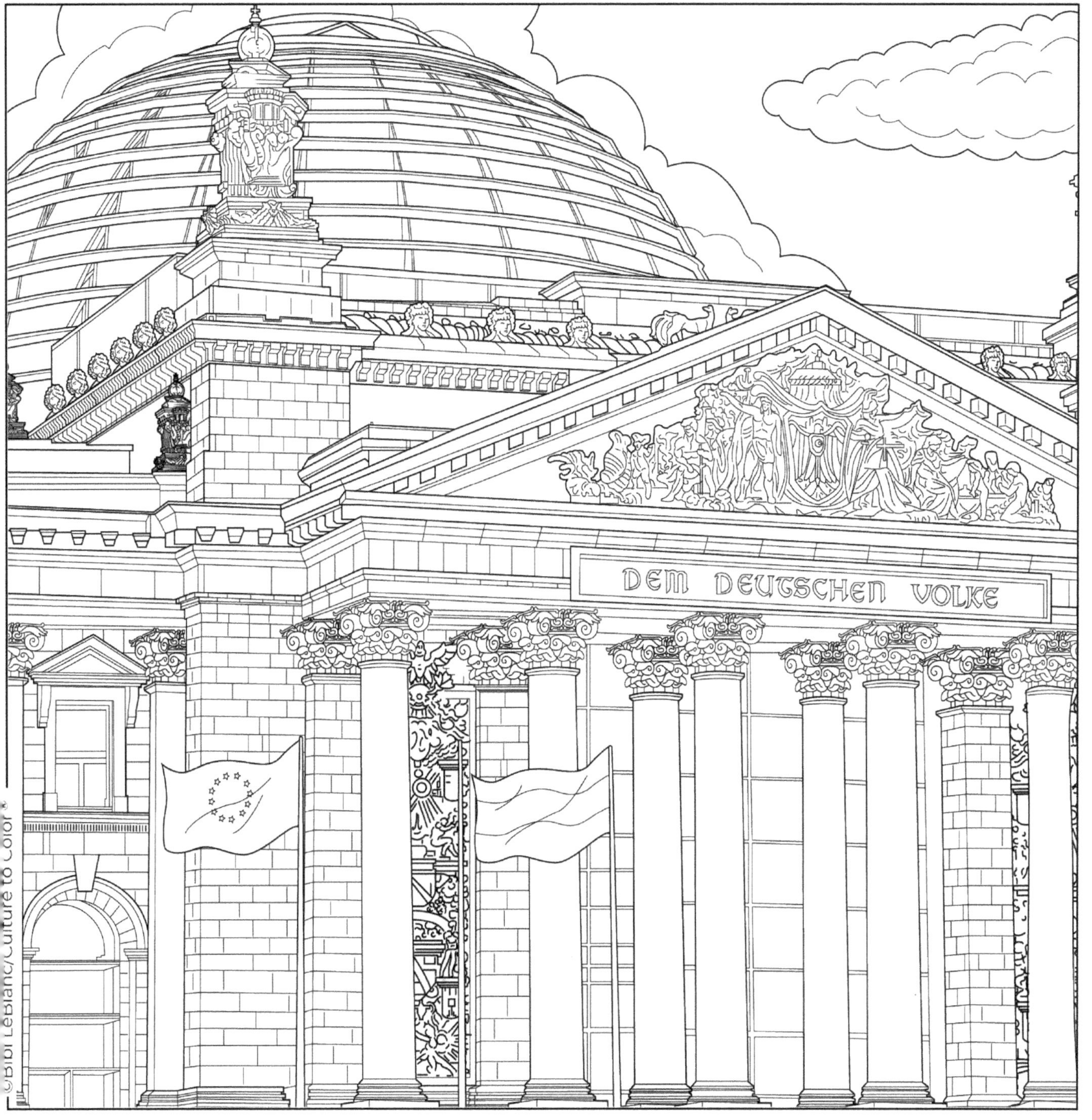

DEM DEUTSCHEN VOLKE
©Bibi LeBlanc/Culture to Color

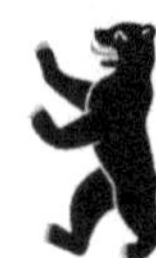

GERMAN CHANCELLERY

In 1991, two years after the Berlin Wall fell, the Bundestag voted for Berlin as the capital of a reunited Germany.

The German Chancellery is set close to the Reichstag parliament building in Berlin. It was designed to embody a clear message of transparency. This modern and elegant complex is part of the "Band des Bundes," a series of federal buildings spanning the River Spree, linking the eastern and western parts of the long-divided city.

BUNDESKANZLERAMT

1991, zwei Jahre nach dem Mauerfall, wählte der Bundestag Berlin zur Hauptstadt des wiedervereinigten Deutschlands.

Das Bundeskanzleramt befindet sich in der Nähe des Reichstagsgebäudes. Es soll eine klare Botschaft der Transparenz verkörpern. Dieser moderne und elegante Komplex ist Teil des „Band des Bundes", einer Reihe von Bundesgebäuden, die sich über die Spree erstrecken und den Osten und Westen der lange geteilten Stadt verbinden.

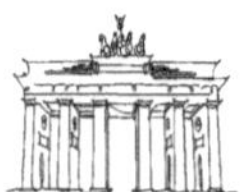

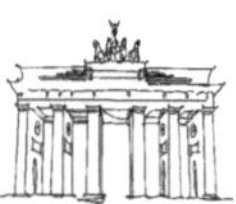

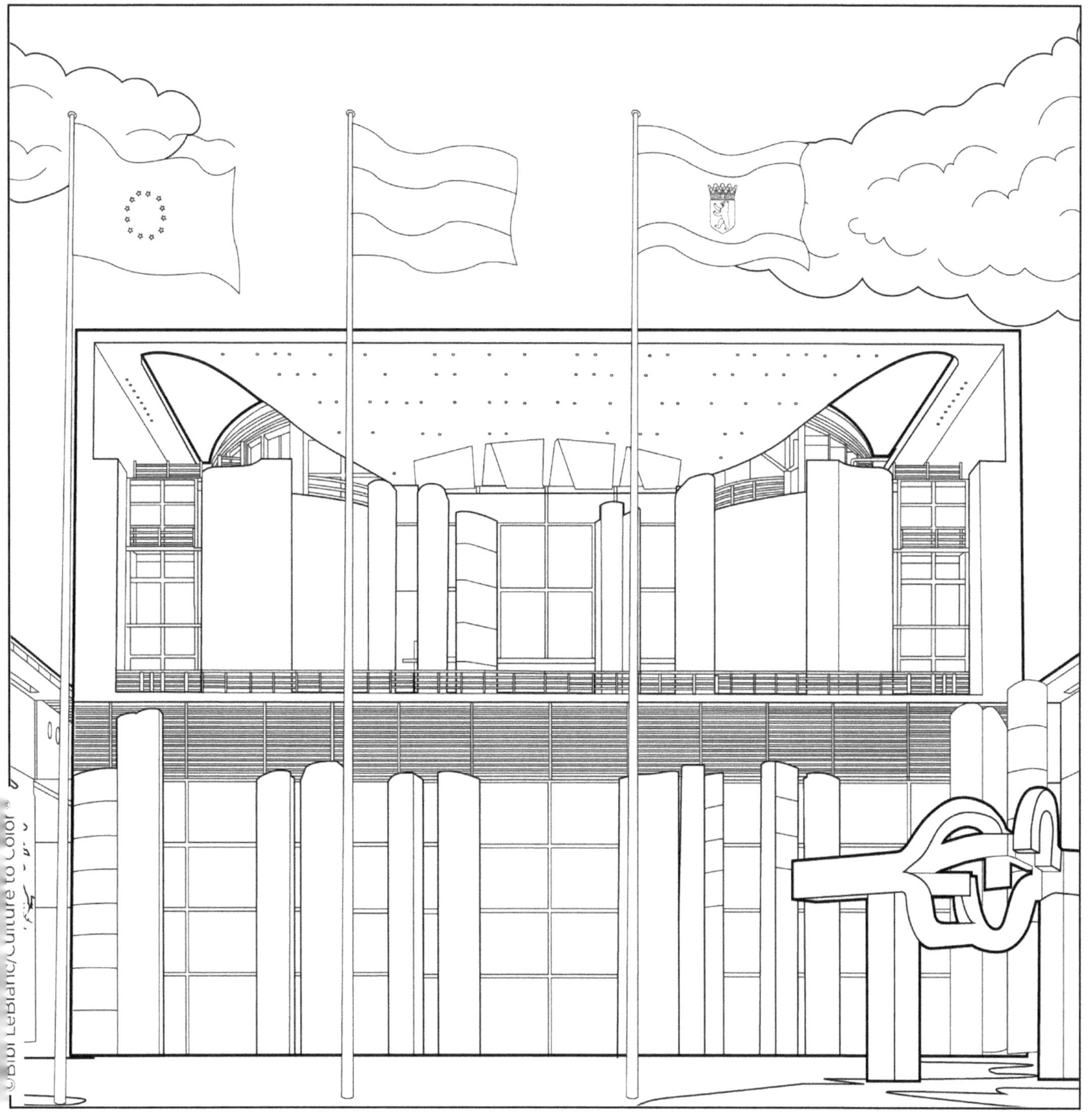

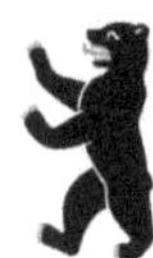

DDR MUSEUM

History conveyed in a lively, interactive, and scientifically sound manner: At the DDR Museum you can learn everything about life in the German Democratic Republic. Visitors are invited to expand their knowledge through direct engagement with historical sources, objects, and images. They are encouraged to touch, hold, and interact with a range of objects and installations.

The highlights of the exhibition include a simulated drive in an original Trabant P601 car, a fully furnished reconstruction of a high-rise tower block flat with hundreds of original objects to discover, countless interactive games suitable for young and old alike, and the monumental fresco "In Praise of Communism."

Visitors of all ages will gain a deeper understanding of the history in an educational and entertaining way.

DDR MUSEUM

Geschichte lebendig, interaktiv und wissenschaftlich fundiert vermittelt: Im DDR Museum erfahren Sie alles über das Leben in der Deutschen Demokratischen Republik. Sie sind eingeladen, Ihr Wissen unterhaltsam zu erweitern und Geschichte hautnah zu erleben. Dabei warten authentische Originale und weltweit einzigartige interaktive Installationen darauf, angefasst und ausprobiert zu werden.

Highlights der Ausstellung sind die Trabi-Fahrsimulation in einem originalen Trabant P601, eine originalgetreu eingerichtete Plattenbauwohnung mit fünf Zimmern, zahlreiche interaktive Spiele für Groß und Klein und das monumentale Wandbild „Lob des Kommunismus".

Erwachsene, Jugendliche oder Kinder – im DDR Museum werden sie selbst aktiv.

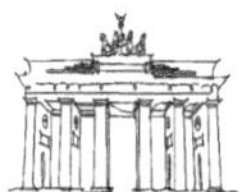

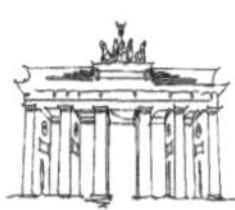

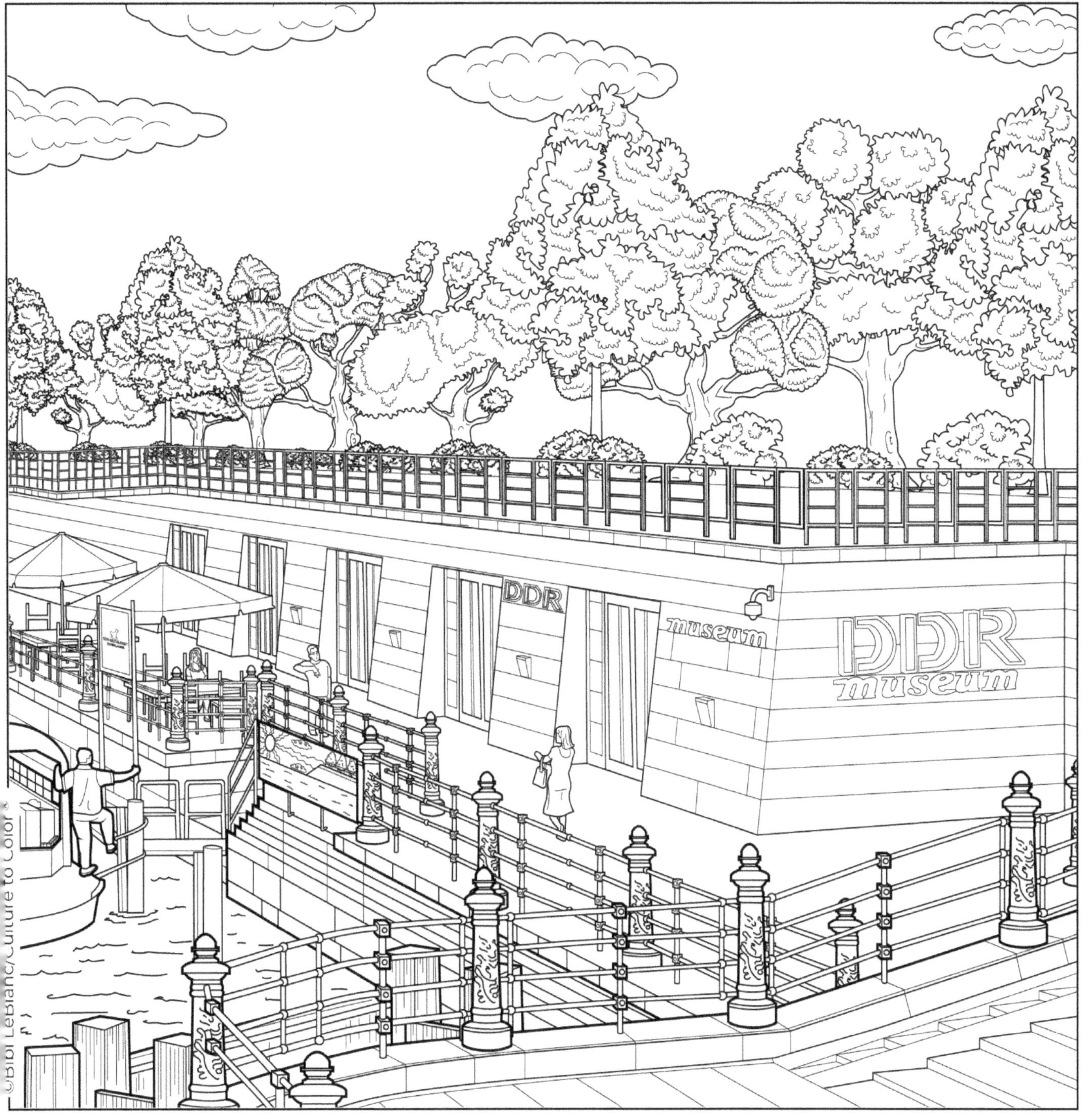

DDR
museum
DDR
museum

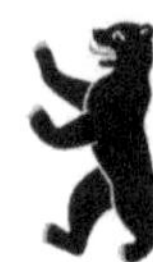

ALLIED MUSEUM

The Allied Museum in Berlin focuses on the history of the Western Allies—the United States, Britain, and France—during their occupation of Berlin.

Located in the former American sector, the museum features exhibits highlighting significant events such as the Berlin Airlift and the Cold War's impact on daily life. Key artifacts include a British Hastings transport aircraft and the original Checkpoint Charlie guardhouse.

The museum, inaugurated in 1998, aims to educate visitors about the political and military roles of the Allies in preserving freedom and democracy in Berlin during a tumultuous period in history.

ALLIIERTEN MUSEUM

Das Alliierten Museum in Berlin widmet sich der Geschichte der westlichen Alliierten – hauptsächlich der Vereinigten Staaten, Großbritanniens und Frankreichs – während ihrer Besatzung Berlins.

Das Museum befindet sich im ehemaligen amerikanischen Sektor und zeigt Ausstellungen zu bedeutenden Ereignissen wie der Berliner Luftbrücke und den Auswirkungen des Kalten Krieges auf das tägliche Leben. Zu den wichtigsten Exponaten gehören ein britisches Hastings-Transportflugzeug und das originale Wachhaus vom Checkpoint Charlie.

Das 1998 eröffnete Museum hat das Ziel, Besucher über die politischen und militärischen Rollen der Alliierten bei der Bewahrung von Freiheit und Demokratie in Berlin während einer turbulenten Zeit der Geschichte zu informieren.

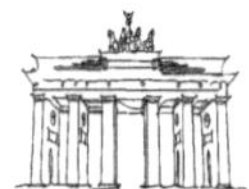

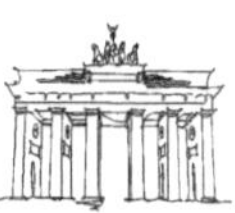

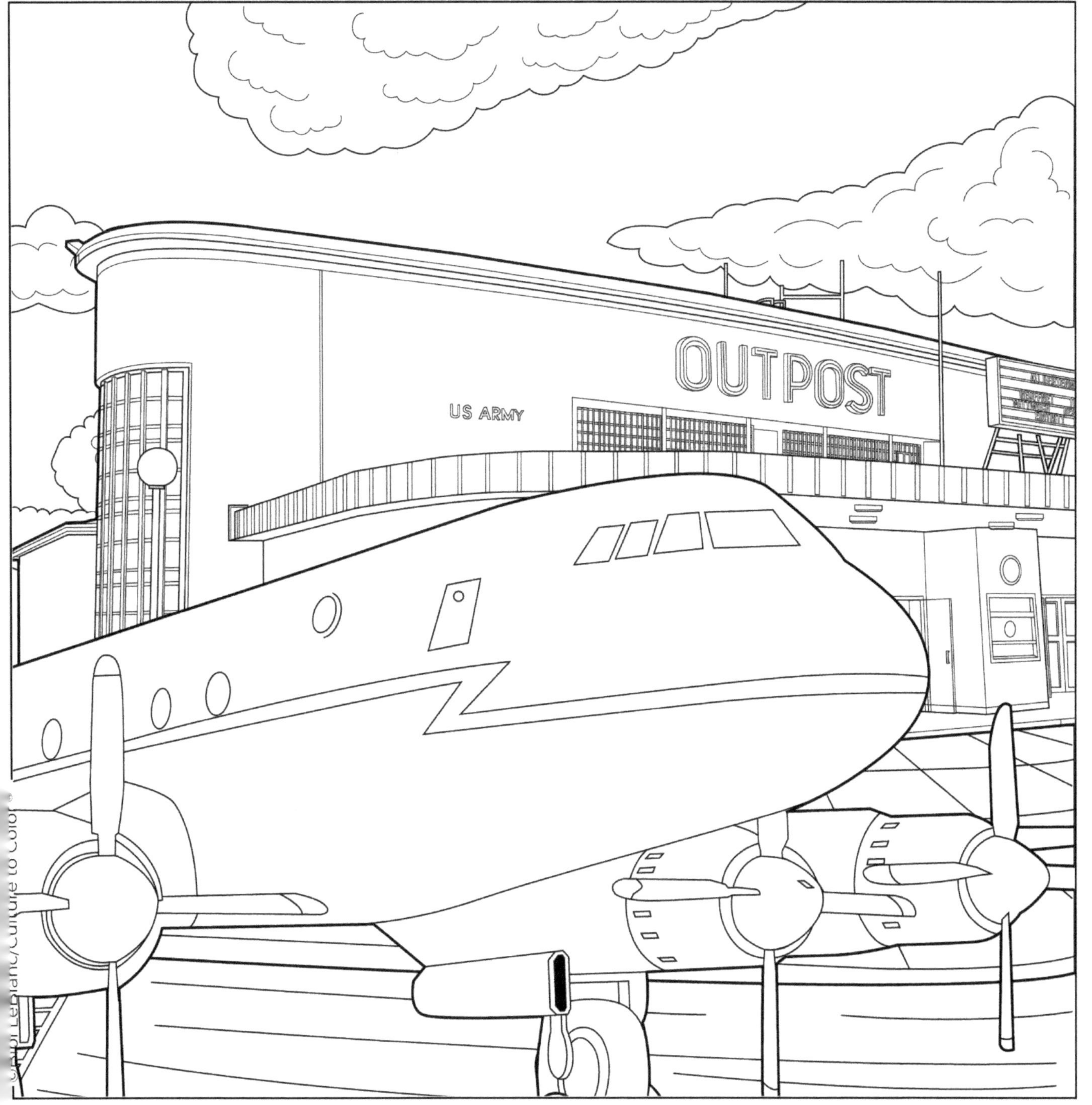
OUTPOST
US ARMY

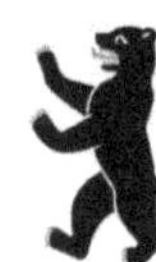

SKYLINE

Berlin's history has left the city with an eclectic assortment of architecture. The city's appearance in the 21st century has been shaped by the vital role the city played in Germany's 20th-century history.

Each of the governments based in Berlin initiated ambitious construction programs, each adding its distinct flavor to the city's architecture and skyline.

SKYLINE

Berlins Geschichte hat die Stadt mit einem vielseitigen Angebot an Architektur hinterlassen. Das Erscheinungsbild der Stadt im 21. Jahrhundert wurde von ihrer Schlüsselrolle in der deutschen Geschichte des 20. Jahrhunderts geprägt.

Jede der in Berlin ansässigen Regierungen initiierte ehrgeizige Bauprogramme, die der Architektur und der Skyline der Stadt jeweils ihren eigenen Charakter verliehen.

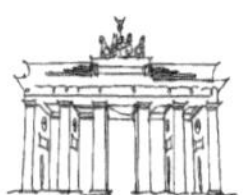

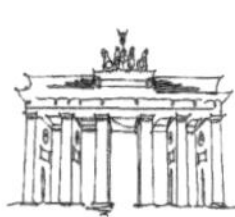

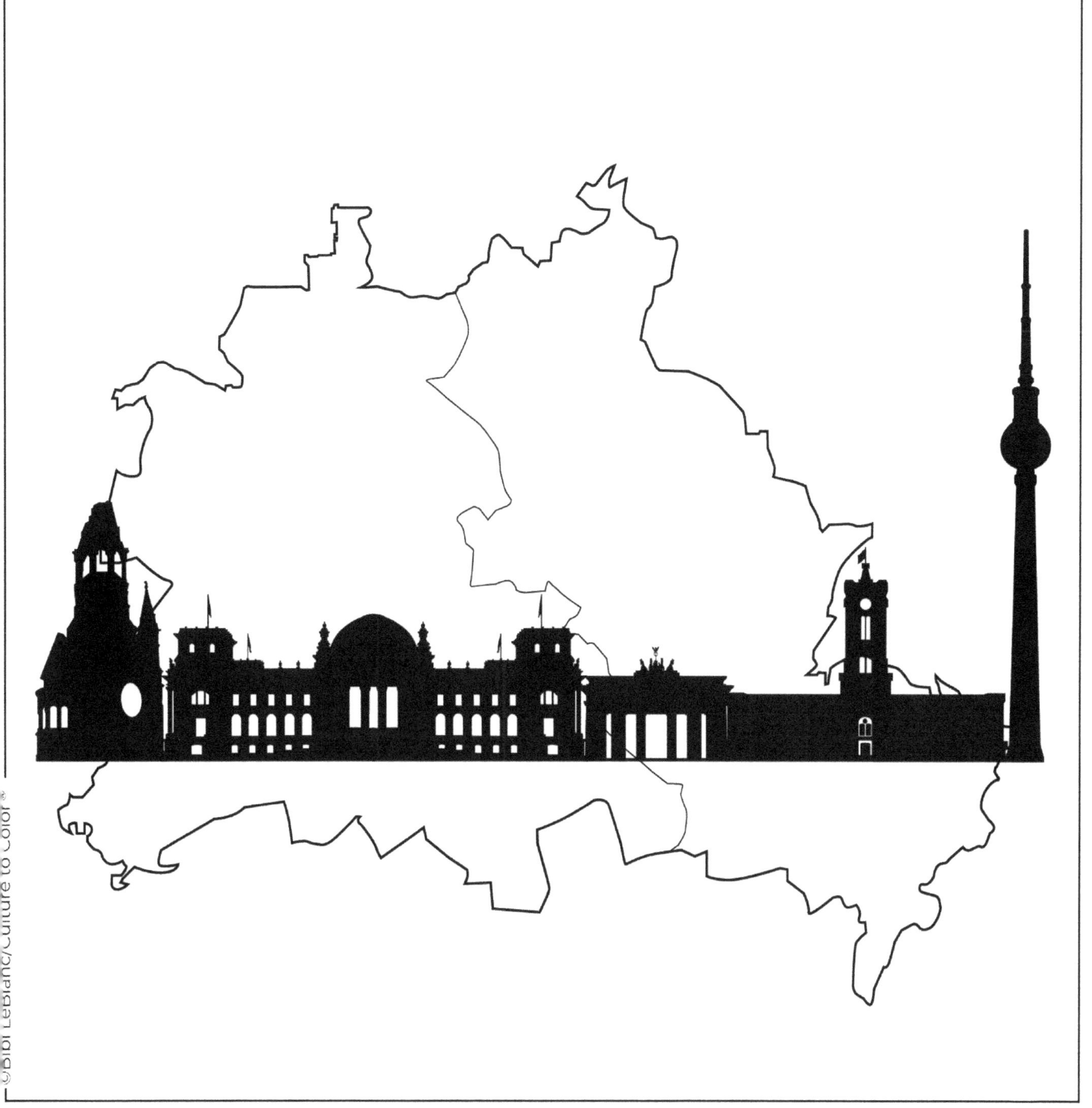

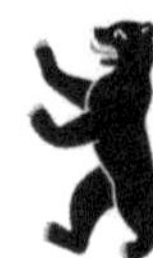

<table>
<tr><td valign="top" width="50%">

A BLANK CANVAS

What did you like best and enjoy most? What inspired you during your visit to Berlin?

Here's your chance to get creative. I would love to see your creation.

You can send it to me at Bibi@CultureToColor.com.

</td><td valign="top" width="50%">

EINE UNBEMALTE LEINWAND

Was hat Ihnen in Berlin am besten gefallen, was hat Sie fasziniert oder inspiriert?

Hier können Sie kreativ sein und Ihr eigenes Bild entwerfen.

Sie können es mir gerne schicken an Bibi@CultureToColor.com.

</td></tr>
</table>

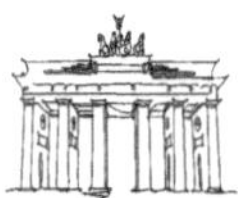

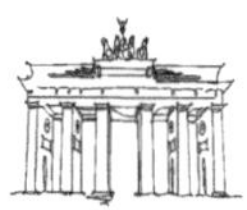

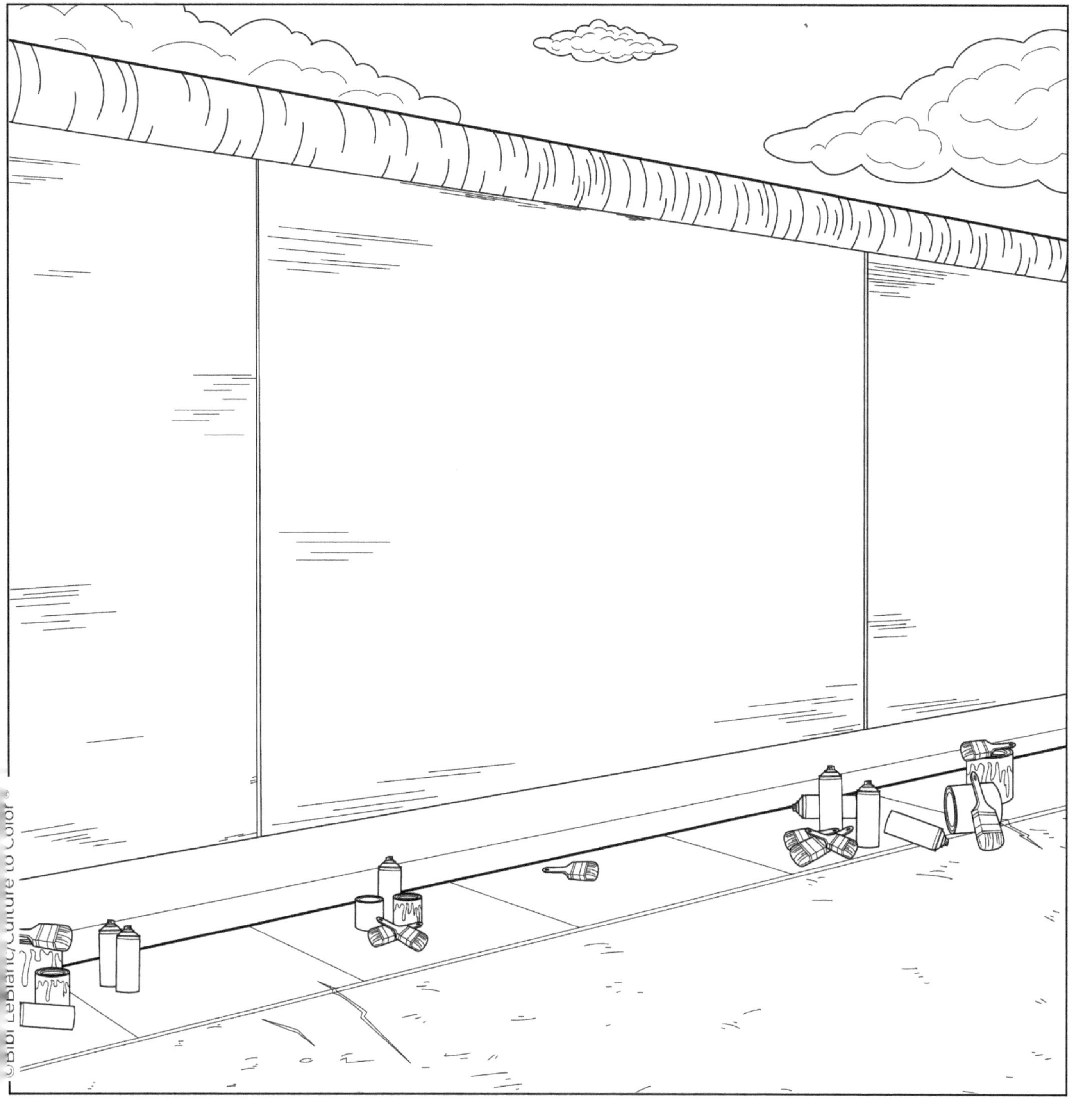

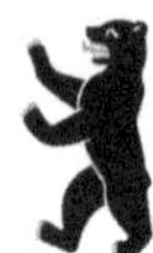

THANK YOU!

A heartfelt thank you to the people who have helped me in so many ways to make this book a reality!

It was a very personal project because, as you read in the introduction, I grew up in West Berlin. I will never forget the time Berlin was divided and the impact of that division on our daily lives!

Remembering the days of the fall of the Berlin Wall never fails to move me!

> *The wall that had imprisoned half a city, half a country, half a continent, half a world for nearly a third of a century was swept away by the greatest force of all - the unbreakable spirit of men and women who dared to dream in the darkness, who knew that while force has the temporary power to dictate, it can never ultimately decide.*
>
> *—Gordon Brown, British Prime Minister*

VIELEN DANK!

Herzlichen Dank an die lieben Menschen, die mir in so vieler Hinsicht geholfen haben, dieses Buch zu verwirklichen!

Es war für mich ein sehr persönliches Projekt, denn wie Sie in der Einleitung gelesen haben, bin ich in West-Berlin aufgewachsen. Ich werde die Zeit, als Berlin geteilt war, und die Auswirkungen dieser Teilung auf unser tägliches Leben, niemals vergessen!

Wenn ich an die Tage des Mauerfalls zurückdenke, berühren mich diese Erinnerungen auch heute noch tief!

> *Die Mauer, die eine halbe Stadt, ein halbes Land, einen halben Kontinent, eine halbe Welt fast ein Drittel eines Jahrhunderts gefangen hielt, wurde von der größten Kraft von allen hinweggefegt – dem unzerbrechlichen Geist von Männern und Frauen, die es wagten, im Dunkeln zu träumen, die wussten, dass Gewalt zwar die vorübergehende Macht hat, zu diktieren, aber niemals letztendlich entscheiden kann.*
>
> *- Gordon Brown, britischer Premierminister*

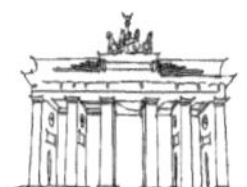

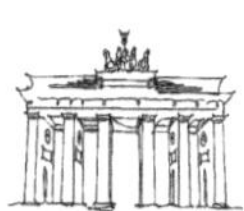

Thank you!

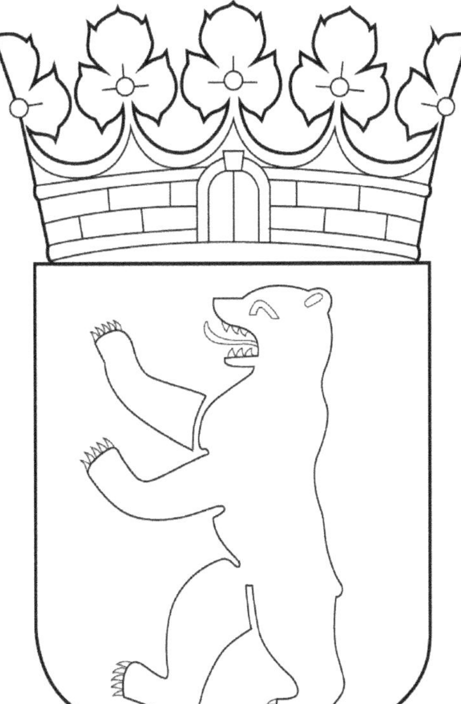

Richard Weaver

Beate Kumar

Reinhard Paulick

Beate Lemm

Rainer & Petra Drozd

Wolfram Roth

Nadia Vires

Benni Roth

Tina Rupprecht Paulick

Doris Hartmann

Simone Hartmann

Mechthild Hesse

Linde "Omi" Roth

Nico LeBlanc

Lindy Willason

Barry Blake

Günter Hesse

Anngret Malue

Chris LeBlanc

Ben LeBlanc

Maresa Hudson

Oliver Firme

Ruth Roth

Vielen Dank!

RESOURCES | RESSOURCEN

If you'd like to dive a little deeper and learn more, here is a list of some relevant movies, TV series, and books that do an excellent job describing life in Berlin during the Cold War.

MUSEUMS IN BERLIN – MUSEEN IN BERLIN

- Allied Museum: alliiertenmuseum.de
- Berlin Wall Memorial: berliner-mauer-gedenkstaette.de/en
- Berliner Unterwelten e.V.: berliner-unterwelten.de/en
- DDR Museum: ddr-museum.de
- GDR Watchtower: berlinwallexpo.de/en
- German Spy Museum – Deutsches Spionage Museum: deutsches-spionagemuseum.de/en
- Mauer Museum – Haus am Checkpoint Charlie: mauermuseum.de/en
- Stasi Prison – Gedenkstätte Hohenschönhausen: stiftung-hsh.de
- The Wall Museum: thewallmuseum.com

MOVIES – FILME

- The Lives of Others
- Bornholmer Strasse
- Good Bye, Lenin!
- Ballon
- Sonnenallee

TV SERIES – TV SERIEN

- Weissensee Saga
- The Same Sky
- Honigfrauen
- Ku'Damm 59
- Deutschland 83

BOOKS – BÜCHER

- Ken Follett – Century Trilogy (Fall of Giants, Winter of the World, Edge of Eternity)
- Jeffrey Archer – The Clifton Chronicles
- Anna Funder – Stasiland
- Thomas Brussig – Am kürzeren Ende der Sonnenallee

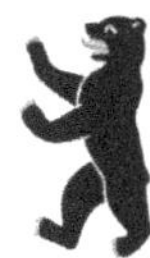

ABOUT THE AUTHOR

Bibi LeBlanc is an entrepreneur and world traveler with a passion for storytelling and creating community.

Born and raised in West Berlin during the Cold War, she received her education in business administration before embarking on a career as a flight attendant. She fell in love with the sport of skydiving and moved to the skydiving capital of the world in Florida, where she raised her three sons.

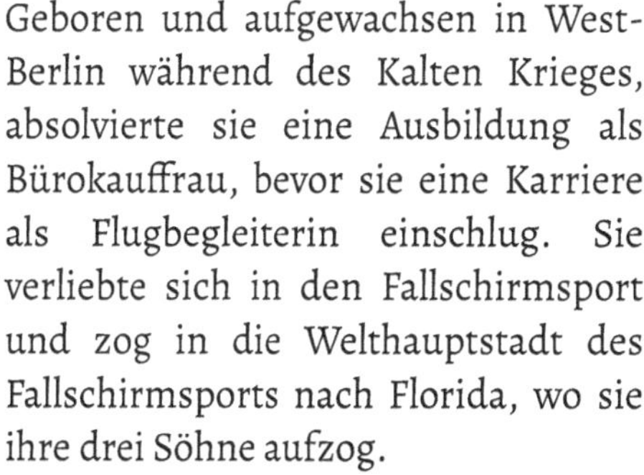

As the founder and CEO of Culture to Color®, she uses her experiences to create Explainer Coloring Books™ as marketing tools for businesses, organizations, and destinations, bringing the beauty and diversity of the world to new audiences. She is a #1 Amazon Bestseller and has won numerous book awards.

With her camera as her loyal companion, Bibi travels the world seeking out new experiences, people, and cultures, always eager to hear their stories and create connections, adding color to the world one story at a time.

ÜBER DIE AUTORIN

Bibi LeBlanc ist Unternehmerin und Weltenbummlerin mit einer Leidenschaft für das Erzählen von Geschichten und das Schaffen von Gemeinschaft.

Geboren und aufgewachsen in West-Berlin während des Kalten Krieges, absolvierte sie eine Ausbildung als Bürokauffrau, bevor sie eine Karriere als Flugbegleiterin einschlug. Sie verliebte sich in den Fallschirmsport und zog in die Welthauptstadt des Fallschirmsports nach Florida, wo sie ihre drei Söhne aufzog.

Als Gründerin und CEO von Culture to Color® nutzt sie ihre Erfahrungen, um Informations-Malbücher als Marketingmaterial für Unternehmen, Organisationen und Reiseziele zu erstellen, die die Schönheit und Vielfalt der Welt einem neuen Publikum nahebringen. Sie ist ein #1 Amazon Bestseller und hat zahlreiche Buchpreise gewonnen.

Mit ihrer Kamera als treuer Begleiterin reist Bibi durch die Welt, um neue Menschen und Kulturen kennenzulernen, immer darauf bedacht, ihre Geschichten zu hören und der Welt Farbe zu verleihen, eine Geschichte nach der anderen.

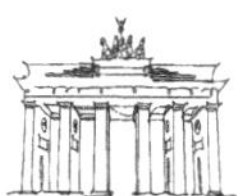

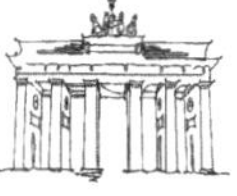

KEYNOTE SPEAKING BY BIBI LEBLANC

Are you looking for an inspiring speaker for your next event?

I am Bibi LeBlanc, author, entrepreneur, keynote speaker specializing in themes of inspiration, leadership, and historical insights. Through my presentations, I aim to ignite change, inspire action, and deliver unforgettable experiences.

Engage with me for:

- Corporate Events
- Educational Seminars
- Leadership Conferences
- Historical Anniversaries
- Special Occasions

My presentations are tailored to meet the unique atmosphere and theme of your event, ensuring that every word resonates with the audience and leaves a lasting impact.

Book me for your next event and transform the ordinary into the extraordinary.

For booking inquiries, please contact:

E-MAIL: bibi@culturetocolor.com

PHONE: 386-228-5147

LET'S MAKE HISTORY TOGETHER WITH EVERY SPEECH!

KEYNOTE SPEAKING VON BIBI LEBLANC

Suchen Sie eine inspirierende Rednerin für Ihre nächste Veranstaltung?

Ich bin Bibi LeBlanc, Autorin, Unternehmerin und Keynote-Specherin, die sich auf Themen wie Inspiration, Führung und historische Einblicke spezialisiert hat. Mit meinen Reden möchte ich Veränderungen anregen, zum Handeln inspirieren und unvergessliche Erlebnisse vermitteln.

Engagieren Sie mich für:

- Unternehmensveranstaltungen
- Bildungsseminare
- Konferenzen für Führungskräfte
- Historische Jubiläen
- Besondere Anlässe

Meine Präsentationen werden speziell an die einzigartige Atmosphäre und das Thema Ihrer Veranstaltung angepaßt. So wird sichergestellt, daß jedes Wort beim Publikum ankommt und einen bleibenden Eindruck hinterläßt.

Buchen Sie mich für Ihre nächste Veranstaltung und verwandeln Sie das Gewöhnliche in etwas Außergewöhnliches.

Für Buchungsanfragen, kontaktieren Sie bitte:

E-MAIL: bibi@culturetocolor.com

TELEFON: 001-386-228-5147

LASSEN SIE UNS GEMEINSAM MIT JEDER REDE GESCHICHTE SCHREIBEN!

About Culture to Color®

We are a boutique marketing company that specializes in creating branded Explainer Coloring Books™ that transform your business's ideas into captivating visuals.
Our unique approach merges information and imagination, making complex concepts easy to understand and share.

Elevate your brand with our customized coloring books and bring your message to life in vibrant, engaging ways.

Explore our innovative marketing solutions today!

For more information, visit
CultureToColor.com

Follow Us

Instagram: instagram.com/culture_to_color

Facebook: facebook.com/CultureToColor

LinkedIn: linkedin.com/in/bibileblanc

Contact Us

Bibi LeBlanc
cs@culturetocolor.com
386-228-5147

Culture to Color®
Book Series

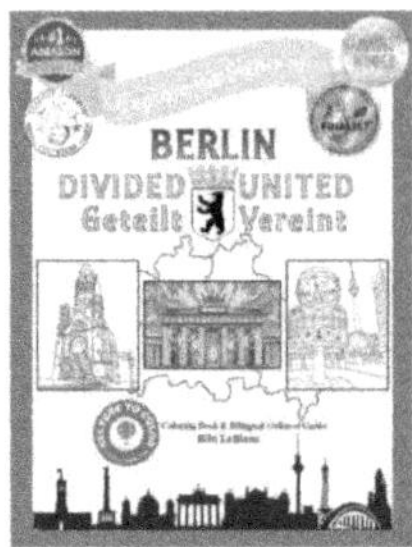
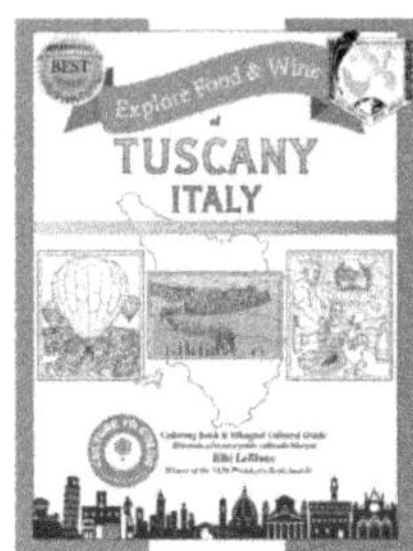
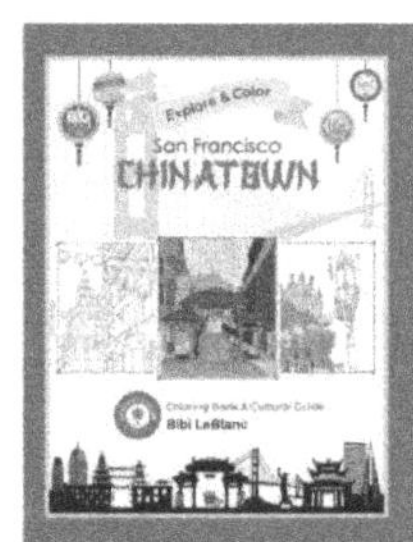
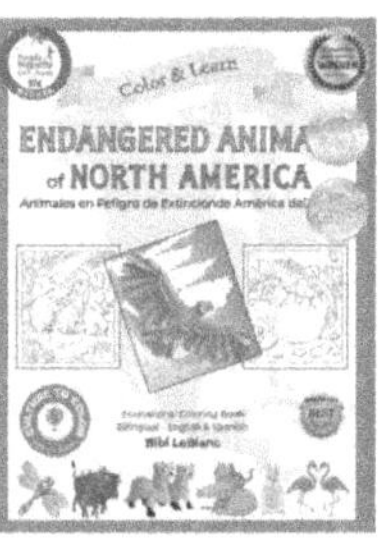
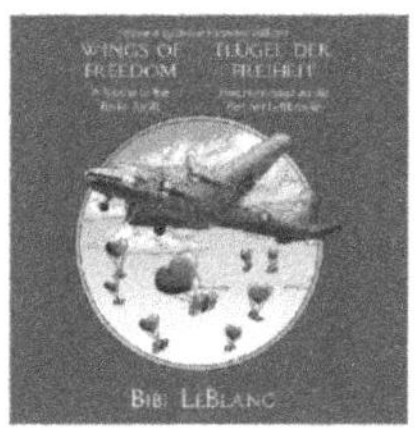
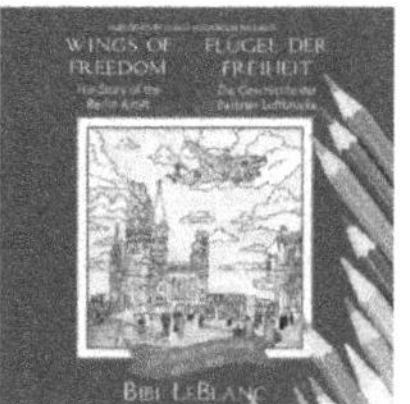
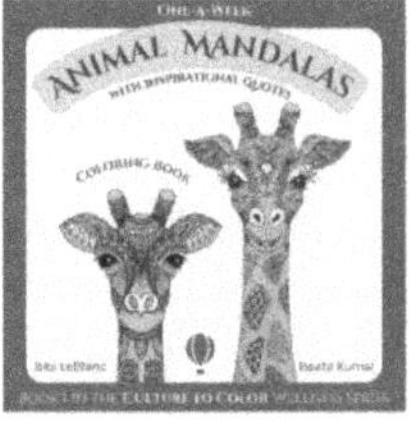
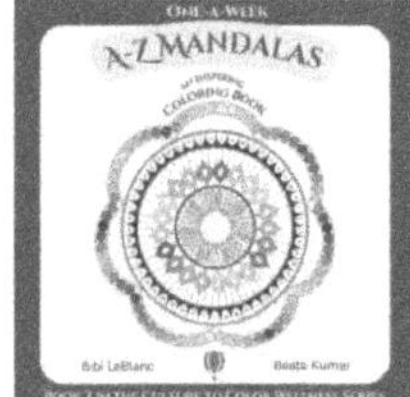
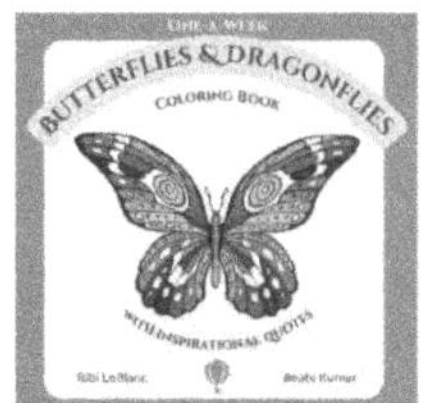
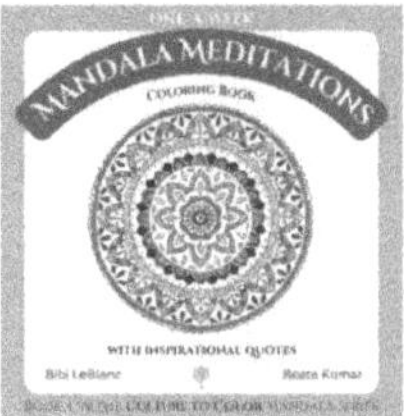
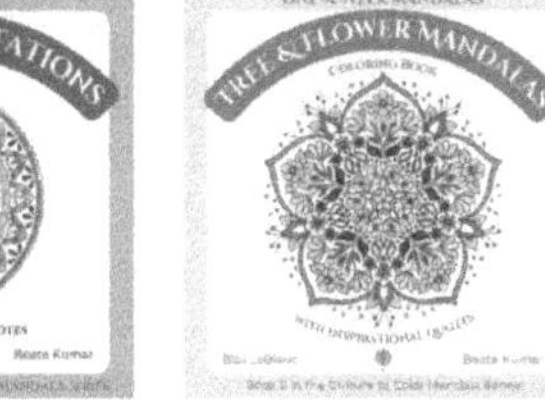
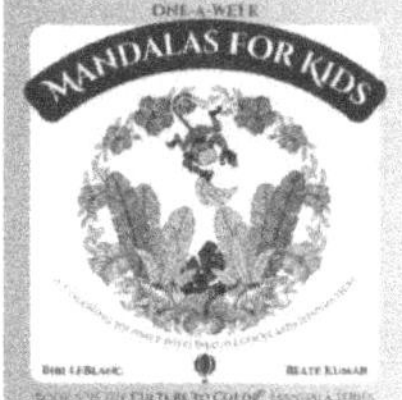
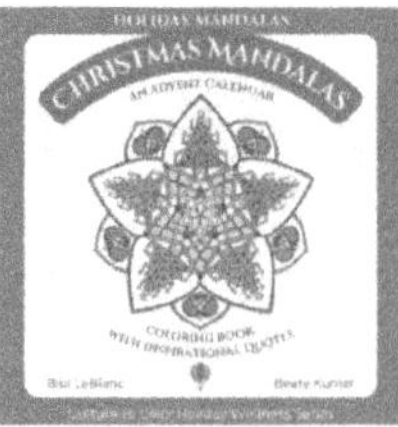
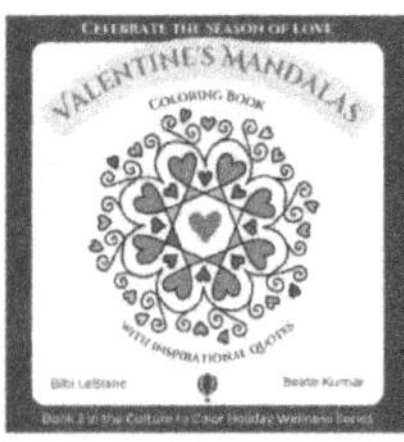
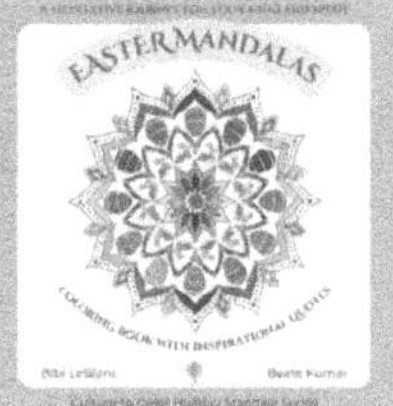

9 781733 798518